# LES BARONS

# DE FELSHEIM.

*Ouvrages de l'Auteur qui se trouvent chez le même libraire.*

---

Adèle et d'Albigny, 1 vol. in-12.
Angélique et Jeanneton, 2 v. in-12.
Barons de Felsheim (les), 4 v. in-12.
Cent vingt jours (les), 4 v. in-12.
Citateur (le), 2 v. in-12.
Enfant du Carnaval (l'), 2 v. in-12.
Famille Luceval (la), 4 v. in-12.
Folie Espagnole (la), 4 v. in-12.
Jérôme, 4 v. in-12.
Mon Oncle Thomas, 4 v. in-12.
Monsieur Botte, 4 v. in-12.
L'Homme à projets, 4 v. in-12.
Monsieur de Roberville, 4 v. in-12.
Théâtre de Pigault Le Brun, 6 v. in 12.
Une Macédoine, 4 v. in-12.
Tableaux de Société, 3 v. in-12.

# LES BARONS
# DE FELSHEIM,

## HISTOIRE ALLEMANDE

QUI N'EST PAS TIRÉE DE L'ALLEMAND;

PAR PIGAULT LE BRUN,

MEMBRE DE LA SOCIÉTÉ PHILOTECHNIQUE.

CINQUIÈME EDITION.

---

Si la volupté est dangereuse, des plaisanteries ne l'inspirent jamais.

VOLTAIRE.

PREMIÈRE PARTIE.

PARIS,

CHEZ BARBA, LIBRAIRE, AU PALAIS-ROYAL, derrière le Théâtre Français, n°. 51.

DE L'IMPRIMERIE DE HOCQUET.

1813.

# LES BARONS
# DE FELSHEIM.

## PREMIÈRE PARTIE.

### CHAPITRE PREMIER.

*Ce que c'est que les barons de Felsheim. Les campagnes, les exploits et la retraite de Ferdinand XV.*

A quelques lieues de Lunébourg, en Saxe, au milieu des bois, des montagnes et des ravins, existait encore, il y a quelques vingt années, un château gothique bâti, selon les propriétaires, qui probablement se trompaient, par le fameux Witikind, lors de l'invasion de Charlemagne.

Ferdinand XIV, baron de Felsheim, descendant en ligne directe de ce même Witikind, bien plus noble que l'empereur, et beaucoup plus fier que lui, habitait le château du contemporain de Charlemagne, et il contemplait avec un plaisir toujours nouveau, ces donjons ruinés, qui lui rappelaient l'antiquité de sa race.

Son fils uuique, Ferdinand XV, fut destiné dès sa naissance à la profession des armes, la seule qui convînt à un arrière-petit-cousin de Witikind. Il apprit de très-bonne heure qu'il avait des parens dans tous les chapitres nobles, dans l'ordre Teutonique et à la tête des armées; c'est à-peu-près à cela que se borna son éducation, et dans le fond il n'est pas nécessaire d'en savoir davantage pour se faire tuer.

Le papa Felsheim écrivit successivement à toutes les puissances d'Allemagne, et leur demanda à chacune un régiment pour M. le baron, son fils. Personne ne jugea à propos de lui répondre, et Ferdinand xv fut trop heureux d'obtenir enfin une compagnie dans les troupes de l'électeur de Brandebourg, qui n'était pas encore roi de Prusse.

La veille du départ, Ferdinand xiv manda Ferdinand xv dans une salle enfumée que décoraient les portraits de ses illustres aïeux : tous y figuraient, depuis Witikind jusqu'à lui, à l'exception cependant de Ferdinand vii, tué à la fleur de l'âge au siége d'Antioche par les Croisés, en 1098. Ce petit accident fut cause que la tête vénérable de Ferdinand vii ne passa pas sur la toile à sa postérité ; mais Ferdinand xiv avait remplacé le tableau qui manquait par une inscription honorable qu'un moine de Franconie avait arrangée en mauvais vers latins.

Ce fut au milieu de ces ancêtres chéris que le papa baron rappela à son digne fils ce qu'il devait à son illustre naissance. « Vos pères vous regardent, lui dit-il avec noblesse, et leurs mânes vous suivront au milieu des combats. » Après cette courte, mais énergique harangue, Ferdinand xv se mit à genoux par ordre de Ferdinand xiv. Il reçut l'accolade ; on lui ceignit l'épée et on lui chaussa les éperons. La soirée se passa dans des lectures analogues à la circonstance. Le papa lut à son fils les hauts faits de Roland, de Tancrède et de Godefroi de Bouillon. Il lisait avec tant d'onction et de chaleur, qu'il ne s'aperçut pas que Ferdinand xv s'était endormi dès les premières pages.

A la pointe du jour on lui amena son cheval de bataille, derrière lequel on attacha une valise qui renfermait sa garde-robe exiguë. Le papa lui fit présent de deux cents florins et de sa bénédiction, et le jeune homme partit bien décidé à soutenir l'honneur de sa race.

M. le Baron, qui savait boire, fumer et jouer, mais qui d'ailleurs était indisciplinable, ne convint pas du tout à Frédéric-Guillaume. Son colonel lui notifia que, s'il ne changeait de conduite, on l'e renverrait dans sa gentilhommière. M. le Baron trouva mauvais qu'on traitât aussi lestement un descendant de Witikind, et il ne se corrigea point. On lui tint parole, et on le pria d'aller chercher fortune ailleurs. Il jura que Frédéric-Guillaume n'était pas digne d'avoir un homme comme lui à son service, et il passa à celui de l'électeur d'Hanovre.

M. le Baron conserva au service de l'électeur d'Hanovre les petites habitudes qui l'avaient fait congédier en Brandebourg, et on le mit en prison : il eut un petit démêlé avec le geolier, et le rossa vigoureusement : on le mit au cachot. Son nouveau colonel prit la peine d'y descendre, et lui fit une vive mercuriale. M. le Baron, qui avait vidé quelques vidercomes, et dont les humeurs étaient aigries par le traitement qu'il éprouvait, prit le colonel par les oreilles, le poussa dans le fond du cachot, et en ferma la porte, rossa une seconde fois le geolier, prit ses clefs, sortit de la ville, et revint boire, fumer et jurer chez Ferdinand XIV, qui ne concevait pas que les puissances ne s'accommodassent point d'un jeune homme aussi accompli, et qu'il avait formé lui-même.

Ferdinand XV, de retour au château de ses pères, chercha à occuper utilement ses loisirs. Il chassait la bête fauve dans les montagnes, les jeunes filles dans la plaine, battait les vassaux de M. son père, et s'énivrait régulièrement tous les jours.

Le papa Baron, malgré son extrême indulgence, fut bientôt aussi fatigué de la présence de M. son fils, que l'avaient été Frédéric-Guillaume et l'électeur d'Hanovre. Il sollicita et obtint pour lui de l'emploi dans les troupes bavaroises, et il lui notifia, à son départ, qu'il ne voulait le revoir que général. Le ciel ne lui réservait pas d'aussi hautes destinées.

M. le Baron, qui craignait encore un peu M. son père, et qui était instruit par sa propre expérience, se conduisit tant bien que mal en Bavière. Il y passa quelques années dans les grades subalternes; et, en attendant le généralat, il venait tous les ans prendre ses quartiers d'hiver au château; tous les ans il y faisait de nouvelles sottises; tous les ans son père le chassait, ce qui ne l'empêchait pas de revenir l'année suivante.

Pendant l'hiver de 1699, Ferdinand XIV maria une de ses vassales qui, à ce qu'on assurait dans le pays, le touchait de beaucoup plus près. La noce se fit au château. Ferdinand XV, qui tranchait, dans ses domaines, du petit potentat, prétendit le droit de jambage. Le futur époux trouva la prétention déplacée. On s'échauffa. Le papa Baron, qui tremblait que M. son fils ne commît un inceste, interposa son autorité. M. son fils n'en tint compte, et saisit l'épousée. L'époux la saisit à son tour : Ferdinand XV tirait d'un côté et le mari de l'autre. Le père putatif de la mariée prêta main-forte à son gendre, et deux ou trois laquais se rangèrent du parti du jeune Baron. Dix ou douze allemands renforcés prirent la défense des jeunes époux ; Ferdinand XV, voyant qu'il n'était pas le plus fort, lâcha prise, et se retira furieux dans une chambre voisine. Trois de ses vassales, effrayées du tumulte, s'y étaient réfugiées. Ferdinand XV s'y renferma avec elles. Je ne sais ce qui se passa pendant que Ferdinand XIV appaisait ses vassaux, en leur parlant avec ce mélange de noblesse et de bonté qui lui était familier ; mais trois mois après les trois vassales se trouvèrent grosses.

Les trois maris prétendirent qu'il n'y avait pas de leur faute ; et un soir que le héros bavarois rentrait ivre au château, trois gourdins meurtrirent ses illustres épaules, de manière qu'il fut obligé de se mettre au lit. Le papa Baron venait de s'y mettre pour une cause toute différente. Il était malade de soixante-dix-neuf ans. On ne guérit pas de cette maladie-là : aussi l'ame de Ferdinand XIV s'échappa-t-elle de son enveloppe décrépite, pour s'aller réunir à celle du grand Witikind.

Ferdinand XV, nouveau baron de Felsheim, n'ignorait pas, quoique très-ignare, que nous sommes tous mortels. Il savait en outre que les larmes ne ressusciteraient pas Ferdinand XIV, et il conclut, avec beaucoup de sagacité, qu'il était inutile de le pleurer. Il se mit tout bonnement en possession d'un château qui avait besoin d'être réparé, mais qui était le chef-lieu d'une terre qui rapportait six mille florins de rente. Il fit quelques largesses à ses vassaux, et se réconcilia avec eux, en leur promettant, à l'oreille, de s'en rapporter uniquement à eux de la propagation de l'espèce humaine dans la baronnie de Felsheim.

Avec de très-grands défauts, monsieur le Baron était un très-brave homme, et à la première étincelle de la guerre de 1701, il leva à ses frais un régiment d'hussards pour le service de l'empereur. Ses vassaux, à qui il promit le pillage de l'Alsace, du pays Messin, de l'Ile-de-France, de Paris et de Versailles, s'enrôlèrent en foule sous ses étendards, et formèrent à-peu-près une demi-compagnie. Le reste se trouva dans les cantons voisins, ou le joignit sur la route.

M. le Baron, pour faire face à ces dépenses extraordinaires, avait, selon l'usage des guerriers de ce temps-là, engagé la moitié de ses domaines à des juifs de Francfort-sur-l'Oder, et, grâces à son dévouement et à ses soins, le régiment de Felsheim se trouva enfin en état de passer décemment la revue de son colonel.

Cette revue eut lieu dans la cour du château, où M. le Baron fit ses promotions. Quelques gentillâtres des environs furent faits officiers, ses laquais et ses garde-chasses, maréchaux-des-logis, et ses piqueurs, trompettes. Le régiment défila par le pont-levis, qu'on avait étayé à cet effet, et prit gaîment la route du pays Trentin, où était le prince Eugène, en passant par la Haute Saxe, la Franconie, la Souabe et le Tirol. Ce n'était pas le chemin le plus court pour arriver à Versailles; mais, comme dit le proverbe : *tout chemin mène à Rome.*

Messieurs ses hussards crurent en effet pouvoir faire tranquillement le voyage de France, après avoir forcé le poste de Carpi et être entrés à Crémone ; mais leur retraite un peu précipitée de cette ville, leur fit comprendre qu'on ne peut compter sur rien avec les Français, et au lieu d'aller piller le trésor de Saint-Denis, ou le garde-meuble, ils se bornèrent, pour cette fois, à troquer, dans les villages, leurs chemises sales contre des blanches, à mettre les paysans à contribution, à faire pis ou mieux à leurs femmes, et du reste ils s'en rapportèrent uniquement à M. le Baron, de leur gloire et de leur fortune à venir.

Dans toutes les occasions, M. le Baron se battait comme un déterminé ; mais il ne savait que se battre, et le prince Eugène ne put l'avancer, quoiqu'il aimât beaucoup les braves gens. En récompense, il l'envoya partout où il y avait de l'honneur à acquérir : ainsi M. le Baron se trouva à la bataille d'Hochstet, où il battit deux régimens de cavalerie, et où il perdit un œil ; mais le prince Eugène lui frappa sur l'épaule, et M. le Baron ne pensa plus à son œil.

Il suivit les troupes de Darmstadt au siége de Barcelone, et il fumait tranquillement sa pipe pendant que ses hussards houspillaient la duchesse de Popoli, lorsqu'un original d'une autre espèce, le comte de Péterborough, vint avec ses anglais hussarder les hussards de Felsheim : il était temps ; cinq minutes plus tard, le duc de Popoli était coiffé de la façon de tout un régiment saxon.

De Barcelone, le Baron se rendit à l'armée du prince Eugène, et il y arriva la veille de la bataille de Ramillies. Il ne lui en coûta que cent chevaux et soixante hussards ; mais la bataille fut gagnée, et M. le Baron s'adressa, pour la seconde fois, à ses bons amis les juifs de Francfort.

Pendant qu'on recrutait dans la Basse-Saxe pour M. le Baron, il suivit, avec les débris de son régiment, le prince Eugène, qui courait au secours de Turin. Le prince fait attaquer les retranchemens français. L'impétueux baron met pied à terre avec tout son monde, et pénètre un des premiers dans les lignes. Le régiment de la marine tenait encore, et un grenadier, en se retirant, alongea à M. le Baron un coup de sabre qui lui coupa les chairs, les muscles et les nerfs de la jambe gauche. Il en demeura boîteux; mais le prince Eugène lui dit qu'il s'était comporté comme un César, et il se consola.

Il fut passer son quartier d'hiver dans sa baronnie, refit son régiment, et vint porter la fascine au siége de Lille; l'année suivante il se trouva à la bataille de Malplaquet, et il eut l'avantage d'y laisser un bras, emporté par un boulet de canon. Cette fois le prince Eugène et Marlborough lui firent l'honneur de l'embrasser; mais cela ne lui parut pas suffisant.

Il avait renouvelé trois fois son régiment, et toujours à ses frais : aussi, pour l'indemniser de la perte des deux tiers de sa fortune, de celle de son œil, de son bras et de l'infirmité de sa jambe, on lui promit de l'avancer à la première promotion, et on se garda bien de lui tenir parole, en raison de son incapacité.

M. le Baron, toujours buvant, fumant, jurant et se battant, fit encore deux campagnes sans qu'on s'occupât de lui. Il présenta des placets, on n'y répondit pas; il se plaignit, on ne l'écouta pas; il se fâcha, on n'y fit pas attention. Son régiment fut encore écharpé à la bataille de Dénain, qui sauva la France et qui amena la paix. Le Baron fut réformé; il vendit cent chevaux qui lui restaient, avec leurs équipages, et il envoya promener à son tour ses hussards, qui lui demandaient de quoi vivre, et qui s'en retournèrent chez eux en volant sur la route, comme cela est arrivé quelquefois à la paix, et pourra arriver encore.

Entre les bas-officiers de son régiment, M. le Baron avait distingué un maréchal-des-logis, gros, court, vigoureux, brave, buvant beaucoup sans qu'il y parût jamais, qualité précieuse pour un ivrogne qui est bien aise de trouver quelqu'un sur qui il puisse compter dans tous les tems pour le mettre au lit. C'est avec Brandt que le baron s'énivrait de préférence, et il répondait à ses officiers, qui se permettaient quelquefois des réflexions à cet égard, qu'il était du devoir d'un colonel d'encourager les bons soldats. Toujours constant dans ses affections, le Baron proposa à Brandt de s'attacher à sa personne, et de venir prendre ses invalides au château de Witikind. Brandt, qui n'avait rien de mieux à faire, accepta la proposition, et tous deux se mirent en route, en se proposant de passer par Vienne, où M. le Baron devait voir le ministre de la guerre et solliciter le prix de ses longs et importans services.

Quand nos deux héros furent arrivés à Vienne, ils se concertèrent sur les démarches à faire; et Brandt, qui avait toujours de bonnes idées, conseilla à M. le Baron de présenter un placet. M. le Baron, qui savait que Brandt avait plus d'esprit que lui, le chargea de la rédaction. On fit venir du vin, des pipes, une tranche de jambon, et Brand écrivit directement à l'empereur Joseph Ier., d'assez médiocre mémoire.

« Votre majesté,

« J'ai perdu à votre service un œil,
» un bras, l'usage d'une jambe, et la
» moitié de ma fortune. Vos généraux m'ont frappé sur l'épaule,
» m'ont fait des complimens, et
» m'ont embrassé. Tout cela est bel
» et bon, mais une gratification vau-

» drait mieux encore. Vous descen-
» dez des Césars, comme je des-
» cends de Witikind, et entre grands
» hommes on doit s'entr'aider.

» J'ai l'honneur d'être, en atten-
» votre réponse,

« Votre très-humble serviteur, BRANDT,
» pour le colonel baron de Felsheim,
» qui ne peut pas signer, parce qu'il
» lui manque un bras droit. »

M. le Baron trouva le placet plein d'esprit et de gentillesse, et Brandt, enchanté de son coup d'essai, courut le porter à son adresse. Un soldat des gardes l'arrêta à la première porte du palais, et lui demanda ce qu'il voulait. — « Je veux parler à » l'empereur. — On ne parle pas à » l'empereur. — On ne parle pas à » l'empereur! — On ne parle pas à » l'empereur. — Je lui ai écrit une » lettre.... — On n'écrit pas à l'em- » pereur. — Comment diable faut-

» il donc s'y prendre avec lui? —
» On ne jure pas à la porte de l'em-
» pereur. — Tu commences à m'é-
» chauffer les oreilles. — Et toi aussi.
» Passe ton chemin, il est tems. —
» Ah! tu te joues à un maréchal-des-
» logis du régiment de Felsheim. »
Et Brandt prend le factionnaire à deux mains, lui fait faire un demi-tour à droite, et entre dans la première cour. Le factionnaire crie, la garde sort, Brandt court, on court après lui, et on arrive en courant dans la seconde cour, où une seconde garde barre le maréchal-des-logis et l'arrête. Brandt tenait sa lettre à la main, et criait à tue-tête qu'il voulait voir l'empereur. On le prend pour un fou, et on se met à rire. Brandt, qui n'aime pas qu'on se moque de lui, crie plus haut, et un homme paraît à une croisée. Brandt, qu'on serrait de tous les côtés, et à qui on mettait la main sur la bouche, parvient à élever un bras, et agitait

son placet. L'homme qui était à la croisée s'informe de la cause de ce tumulte. « Votre majesté, lui ré-
» pond un lieutenant des gardes,
» c'est un hussard en démence, qui
» a osé vous écrire, et qui prétend
» approcher de votre personne sa-
» crée. — Voyons ce qu'il m'écrit »,
reprend Joseph Ier., et le lieutenant se hâte de lui porter le placet de M. le Baron. L'empereur le lut à la croisée, rit beaucoup, et Brandt, qui vit rire l'empereur, ne douta plus du succès. Il sortit des cours du palais, très-satisfait des procédés du successeur des Césars, et retourna à son auberge attendre sa réponse.

Deux jours s'écoulèrent, et César ne répondait pas. M. le Baron, qui passait son tems dans les cabarets, faute de pouvoir faire mieux, apprit quelque chose des usages de la cour, et sut qu'à telle heure, l'empereur passait dans telle gallerie, qu'à telle autre il allait à la messe, et que les officiers l'approchaient facilement. En conséquence de ces éclaircissemens, M. le Baron pria Brandt de lui faire un second placet, de natter ses faces, de décrotter ses bottines, et il se rendit au château. Il se trouva en effet sur le passage de sa Majesté, qui prit son placet d'un air très-gracieux.

Deux jours se passèrent encore, et l'empereur ne répondait pas à M. le Baron, qui, ne sachant quel parti prendre, consulta son fidèle Brandt. Celui-ci, qui ne manquait pas d'un certain bon sens, lui dit : « M. le baron, ces gens-là n'aiment » pas à donner, mais ils aiment » moins encore qu'on les ennuie. Ne » quittez pas le château; que l'em- » pereur ne fasse pas un tour chez » lui sans vous trouver sur son che- » min un placet à la main, et il vous » exaucera pour se défaire de vous. « Brandt prit la plume, et griffonna une douzaine de lettres, absolument semblables à la première, qui était trop bien tournée pour qu'il y changeât un mot. Monsieur le Baron les mit dans sa *saberdache*, et s'en fut, clopin-clopant, assiéger Joseph Ier.

A son lever, à son coucher, à son grand, à son petit-couvert, à la messe, à la promenade, l'empereur ne voyait que l'homme à l'œil crevé, au bras emporté et à la jambe éclopée ; le Baron ne le quittait pas plus que son ombre, et ne perdait jamais l'occasion de glisser un placet. Un jour que l'empereur dînait à son petit couvert, et qu'il était en meilleure humeur que de coutume, il regarda le Baron, et se mit à rire ; le Baron le regardait de son côté d'un air tragi-comique, qui le fit rire plus fort. Les convives que César avait admis à sa table, rirent aussi, sans savoir de quoi il était question, mais quand l'empereur rit, tout le monde doit rire. Joseph tira de sa poche huit ou dix placets, et les distribua à ses courtisans. On rit de plus belle; et une jeune dame, qui ne paraissait pas mal auprès de sa majesté, osa lui recommander M. le Baron. Le Baron balbutia un compliment à la belle dame; il en fit un à l'empereur lui-même, dans un style et avec un air qui n'appartenaient qu'à lui. Il eut le bonheur d'amuser beaucoup mesdames et messieurs du petit couvert, qui tous s'intéressèrent pour lui, à l'exception du ministre de la guerre, qui fronçait le sourcil, et qui intérieurement en voulait au Baron, qui ne s'était pas adressé directement à lui. Il n'en fut pas moins obligé de lui faire payer le lendemain cinquante mille florins; ce qu'il effectua d'un air maussade, que M. le Baron ne remarqua seulement pas. Moitié de la somme fut empaquetée dans la valise du colonel, l'autre moitié dans celle du maréchal-des-logis, et ils prirent gaîment la route de Lunébourg, d'où ils arrivèrent enfin au château de Felsheim.

Le premier soin de M. le Baron fut de faire réparer les voûtes de ses caves, et de les garnir de bière et d'excellent vin. Il fit ensuite relever ses créneaux et ses tourelles, signes non équivoques de son antique noblesse; enfin il s'occupa de la couverture, qui était tellement délabrée, que la pluie et la neige avaient pourri les planchers du grenier et du premier étage. M. le Baron, qui savait s'accommoder aux circonstances, se logea au rez-de-chaussée.

Après ces premières dispositions, Ferdinand xv et son écuyer, sans inquiétude, et se trouvant en fonds, se livrèrent à leur goût favori, et ne se couchèrent pas de huit jours, parce que Brandt, qui portait fort bien son vin, s'en chargea tellement, qu'il lui fut impossible de mettre M. le Baron au lit, par la raison infiniment simple qu'il ne pouvait plus s'aider lui-même.

Le neuvième jour, M. le Baron voulait recommencer; mais Brandt lui fit un discours si pathétique sur les dangers de l'ivrognerie et sur les avantages de la tempérance, que le Baron se sentit ému. Mais dans tous les tems le diable fut plus fort que tous les prédicateurs du monde, et à peine Brandt cessait-il de parler, que le Baron décoiffait sa dame-jeanne.

Brandt, qui savait qu'il faut quelquefois sacrifier quelque chose pour ne pas perdre le tout, capitula avec M. le Baron. Il fut convenu qu'on ne boirait dans la journée que pour le besoin, mais qu'on pourrait s'enivrer le soir; et pour éviter les accidens et les fraîcheurs de nuit, on arrêta qu'on approcherait les deux lits, qu'on placerait une table entr'eux, qu'on la chargerait d'une cruche de huit pintes, qu'on se coucherait, et qu'on boirait commodément, et sans avoir rien à craindre.

Quand M. le Baron s'écartait des clauses du traité, Brandt le rappelait à l'ordre, et, bon gré malgré, le chef cédait à son inférieur : tant il est vrai que la raison ne perd jamais ses droits, quelque bouche qu'elle prenne pour organe.

Un soir que ces messieurs, couchés à deux pieds l'un de l'autre, s'enivraient militairement, en parlant de leurs faits et gestes, et se mettant par modestie au niveau du prince Eugène et de Marlborough, Brandt fut frappé d'une inspiration subite. « Nous sommes fort bien ici,
» dit-il à M. le Baron? Fort bien,
» mon ami, répondit Ferdinand XV,
» en laissant échapper un hoquet.—
» Plus de bivouac... — Plus d'eau à
» boire...—Plus de pain moisi...—
» Plus de vache enragée...—Plus de
» Français... —Qu'on bat pourtant
» quelquefois...—Oui, en perdant

» un œil...—Un bras...—Une jam-
» be...—Et cela n'est pas gai. A vo-
» tre santé, mon colonel. — A la
» tienne, mon garçon. —Je ne vois
» qu'un petit inconvénient qui pour-
» rait déranger nos affaires. — Et
» lequel? — C'est que les juifs de
» Francfort mettront, quand ils vou-
» dront, le baron de Felsheim à la
» porte de son château. Je ne pen-
» sais plus à ces marauds-là, reprit
» Ferdinand xv, en poussant son
» gros juron. Tu monteras demain
» à cheval, tu iras à Francfort, tu
» rassembleras cette canaille, tu me
» l'amèneras, et je la recevrai dans
» cette fameuse tour où Witikind,
» avec trente saxons, arrêta trois
» jours Charlemagne et cent mille
» hommes. Le lieu leur inspirera
» une vénération à laquelle mon
» corps mutilé ne peut plus préten-
» dre. —J'irai, mon colonel.—S'ils
» sont raisonnables... — Nous les
» paierons. — S'ils ne le sont pas...

» — Nous les sabrerons. C'est cela, » mon garçon. Buvons.—Buvons. »

Le lendemain, au point du jour, Brandt monte à cheval, galope à Francfort, et rassemble les créanciers de M. le Baron; il leur fait part de ses intentions bénévoles, leur assigne le jour où son colonel les attend, reçoit leur parole, et retourne au château.

L'exactitude d'un bon soldat à son poste, d'un amant à un premier rendez-vous, d'un courtisan à la cour, n'est pas comparable à l'exactitude d'un juif qui a de l'argent à recevoir. Ceux de Francfort arrivèrent au jour indiqué, avant que le baron eût cuvé le vin de la veille. Brandt le réveilla, lui passa une robe-de-chambre de velours bleu, doublée de menu-vair, qui venait de Ferdinand XIII, et que Ferdinand XIV n'avait jamais endossée que pour donner ses audiences publiques; il attacha son sabre de campagne par-dessus la robe-de-chambre, glissa ses pistolets à deux coups sous le ceinturon, lui peigna la moustache, mit une coiffe blanche à son bonnet de laine brune; et le Baron, appuyé sur l'épaule de Brandt, sortit majestueusement de sa chambre à coucher, passa au milieu de ses créanciers rangés en haie dans son antichambre, et se rendit avec eux à la tour de Witikind.

Monsieur le Baron déposa sur une table vermoulue son sabre nu, ses pistolets à deux coups, il s'assit dans un grand fauteuil d'érable, releva sa moustache, et parla en ces termes : « Fripons que vous êtes, je » vous ai convoqués pour me débar- » rasser de vous. » Les juifs firent une profonde révérence. « J'ai servi » le descendant des Césars, qui ne » vaut pas mieux que le descendant « de Witikind; mais enfin je l'ai » servi. J'ai eu besoin d'argent, et » j'en ai passé par ce que vous avez

» voulu; maintenant je tiens la » bourse, et je fais la loi à mon » tour : voulez-vous moitié? » Les usuriers se récrièrent. Brandt les regarda de travers, et leur imposa silence. Le Baron réitéra son offre; les créanciers remuèrent la tète d'un air négatif. Ferdinand jura par ses aïeux qu'il ferait précipiter de ses tours dans sa mare, les officiers exploitans qui oseraient passer le pont du château. Brandt jura par le prince Eugène, qu'il allait à l'instant même traiter les juifs saxons comme les juifs arabes avaient traité les Amalécites, s'ils n'entraient pas en composition. Il tournoya son sabre au-dessus des têtes israélites, et ne les intimida pas. Un juif ne craint jamais pour sa tète, quand il tremble pour son argent.

Cependant le Baron faisait la grimace, il jurait entre ses dents, et il était assez embarrassé, lorsque Brandt, qui aimait autant les moyens doux que les autres, lorsqu'ils conduisaient au même but, fit sortir son colonel, prit ses pistolets, sortit lui-même à reculons, menaça de brûler la cervelle à quiconque oserait faire un pas, et enferma les israélites dans la tour. C'est ainsi qu'autrefois leurs pères, de pieuse mémoire, avaient été resserrés dans la sainte Sion, par un empereur impie qui les exposa aux horreurs de la famine.

Les israélites modernes, aussi magnanimes que leurs aïeux, passèrent une partie du jour sans boire, sans manger et sans céder. Bientôt la soif physique égala en eux la soif de l'or, et ils essayèrent de déranger les barreaux que Ferdinant XI avait fait placer aux croisées. L'impitoyable Brandt, qui faisait faction au-dehors avec un fusil à deux coups, s'opposa si vivement à leur entreprise, qu'ils furent obligés d'y renoncer. Ils lui demandèrent quartier. « Voulez-

» vous moitié, leur répondit le ma-
» réchal des logis? » Les juifs se retirèrent, et poussèrent le chassis plombé.

La journée se passa, la nuit succéda au jour. Brandt alluma des feux au pied de la tour, pour n'être pas surpris, et on s'observa mutuellement.

Le matin, les estomacs judaïques éprouvèrent des tiraillemens affreux, et l'un d'eux demanda à parlementer.
» Voulez-vous moitié? répéta l'in-
» flexible Brandt. Nous prendrons
» deux tiers, répondit le parlemen-
» taire. » Et Brandt continua de se promener en long et en large, son fusil sur l'épaule.

A midi, les juifs ne pouvant résister à la faim qui les tourmentait, parlementèrent encore, et consentirent, en gémissant, aux conditions proposées. « Vous n'aurez qu'un tiers,
» répondit Brandt, et si vous ne ca-
» pitulez à l'instant, vous ne serez
» reçus qu'à discrétion, et vous n'au-

» rez rien du tout. » Et il continua de se promener, son fusil sur l'épaule. « Monsieur le hussard, donnez-nous » moitié, dit un juif, d'une voix affai- » blie, vers les quatre heures du » soir. Vous n'aurez qu'un quart, » répondit Brandt ; et il continua de se promener, son fusil sur l'épaule. « Va » donc pour le quart, reprit l'israé- » lite : il est des chétiens qui sont en- » core plus juifs que nous. »

Aussitôt Brandt va chercher du papier et une écritoire de poche ; il attache le tout au bout d'une perche qu'il présente à ses prisonniers, il leur ordonne de donner quittance des trois-quarts, ce qui fut exécuté à l'instant. Brandt reçut les quittances par la commodité de la perche, il les porta à M. le Baron, prit un sac de florins impériaux, monta à leur tour, paya le quatrième quart, retira les titres originaux, et mit à la porte, avec beaucoup de civilité, les juifs, qui se retirèrent en le donnant à tous les diables.

En réjouissance de la manière économique dont M. le Baron venait de payer ses dettes, Brandt mit sur table un quartier de lard fumé et un vieux coq rôti; et on convint que par extraordinaire on commencerait à boire dès cinq heures du soir, sauf à ne se coucher que le lendemain.

Les réparations du château, et le paiement que M. le Baron venait de faire, avaient furieusement diminué ses finances. Il aimait l'argent frais, et Brandt ne le haïssait pas; d'ailleurs M. le Baron devait faire figure dans ses terres, voir et traiter les barons ses voisins, et cela ne se fait pas sans argent: il se décida à vendre quelques arpens de bois isolés du domaine principal. Il les regretta pourtant, parce qu'ils foisonnaient en sangliers et en loups toute l'année, et en bécasses dans la saison. A la vérité, le Baron, borgne, boiteux et manchot, ne pouvait pas chasser facilement; mais un baron, dans quelqu'état qu'il soit, tient toujours à ses prérogatives. Celui-ci se consola de voir abattre ses poteaux et ses armoiries, moyennant six mille florins qu'on lui paya comptant, et qu'il remit à Brandt, avec l'ordre précis de s'en servir pour la gloire et les besoins de son colonel.

Brandt réunit donc les fonctions de trésorier aux brillans et nombreux emplois qu'on avait déjà accumulés sur sa tête. Comme c'était un homme d'un jugement exquis, il sentit d'abord qu'il ne pouvait suffire à tout, et un soir qu'il était couché auprès de M. le Baron, il lui conseilla, en lui versant à boire pour la vingtième ou trentième fois, d'aviser aux moyens de monter sa maison sur un pied convenable à sa fortune et à sa naissance. Il s'aperçut qu'il pérorait en vain. Son suzerain était complétement dans la vigne du seigneur. Il sabla lui-même le vidercome concluant, s'enfonça le nez sous sa couverture, et fit une excellente nuit. Le ciel en accorde autant au lecteur, soit qu'il couche seul, et qu'il ait envie de dormir; soit qu'il couche deux, et qu'il ait envie de veiller!

## CHAPITRE II.

*Le Baron forme sa maison. Grande fête au château.*

« M. le Baron, dit Brandt à son » réveil, j'ai par fois des idées excel- » lentes, qui se perdent quand je ne » les communique pas à l'instant. Je » n'étais pas hier soir tout-à-fait aussi » gris que vous, et je pensais... A » quoi, mon garçon? — C'est ce que » je cherche... Ah! m'y voilà. Vous » avez quatre mille florins de rente, » un château superbe; vous êtes no- » ble comme tous les chapitres d'Al- » lemagne réunis, et vous vivez com- » me un cancre. — Comment cela,

» monsieur? — Hors vous, moi, et
» quelques hiboux, on ne voit per-
» sonne dans ce château. Il vous faut
» des courtisans pour vous flatter, des
» parasites pour vous manger; car
» enfin nous ne pouvons pas boire
» quatre mille florins à nous deux. Je
» sais vos hauts faits par cœur; et à
» qui conterez-vous désormais vos
» exploits, si ce n'est à la noblesse du
» voisinage? — J'ai déjà pensé à cela.
» — Et comment recevrez-vous la no-
» blesse du voisinage, si vous n'avez
» personne pour vous servir? Je suis
» votre sommelier, votre cuisinier,
» votre pourvoyeur, votre valet de
» chambre, votre écuyer, votre ca-
» pitaine des chasses et votre tréso-
» rier. C'est pitoyable, M. le Baron,
» cela n'a point de mine, point de
» tournure, et un homme comme
» vous est fait pour représenter. — Tu
» as raison. De ce moment je te fais
» mon majordonne. Choisis tes su-
» bordonnés. »

Brandt se lève, s'habille, déjeûne, et court le village. Il ramasse une vieille gouvernante de curé, dont il fait une cuisinière, deux bergers dont il fait des piqueurs, et quatre mâtins qu'il érige en meute. Le magister savait le plain-chant, il composa la musique de Monsieur. Le vicaire du lieu fut nommé grand aumônier; six petits drôles, passablement dégourdis, devinrent ses pages, et huit déserteurs ses gardes-du-corps.

Ce domestique nombreux effraya d'abord monsieur le Baron, mais son majordonne le rassura en dressant devant lui le rôle des émolumens destinés à chacun. La cuisinière devait avoir pour gages la desserte et les eaux grasses, sur lesquelles elle fournirait, tous lesa ns, deux cochons gras pour la table de Monseigneur; on passait aux piqueurs l'excédent du gibier nécessaire à la consommation du château; la meute devait vivre aux dépens des troupeaux voisins; on accordait au magister un demi-florin par chaque romance qu'il chanterait lorsqu'il en serait requis; le grand aumônier, qui était d'ailleurs à la portion congrue, se contenterait d'un florin et d'un dîner tous les dimanches, pour célébrer une basse-messe dans la chapelle du château, et faire ensuite l'oraison funèbre de tous les barons de Felsheim, depuis Ferdinand 1er. jusqu'à Ferdinand XV inclusivement; on accordait aux pages un habit neuf, fait avec de vieilles tapisseries de point de Hongrie, que Brandt avait déterrées d'un arrière cabinet, plus, la soupe et le pain, et ce qu'ils pourraient dérober à l'office; les gardes-du-corps seraient équipés en hussards de Felsheim, avec les habits de réforme qui se trouvaient au château; on leur enjoindrait de vivre aux dépens de qui ils pourraient, en se conduisant honnêtement, et en plumant la poule sans la faire crier; enfin Brandt se chargeait de mettre à la raison ceux des vassaux de Monseigneur à qui ces arrangemens ne conviendraient pas. Ces conditions proposées et acceptées, chacun entra en exercice.

Brandt savait à merveille que la discipline est l'âme des armées, et il s'occupa des moyens d'assurer la régularité du service du château. Au milieu de la cour était un vieux colombier, que la cuisinière voulait repeupler, parce qu'elle excellait surtout dans les compotes de pigeons; Brandt transforma le colombier en chambre de discipline, à l'usage des pages et des gardes-du-corps. Derrière le château était un vaste jardin abandonné depuis quinze ans : il était aisé de le remettre en valeur, et la cuisinière voulait y faire une plantation de choux, qui fournirait la provision de l'année : Brandt en fit un manège découvert, où il donna des leçons d'équitation aux pages, et une esplanade où il exerçait régulièrement son infanterie. Quelques arbres fruitiers étaient encore debout, malgré la négligence des barons de Felsheim et de leurs agens; Brandt les fit abattre, parce qu'ils gênaient le développement de sa colonne. La cuisinière, qui voulait du dessert pour la table de Monsieur, se permit quelques réclamations : Brandt la menaça de la mettre au colombier, et elle se tut.

Comme une bonne idée en amène ordinairement une autre, Brandt ne s'arrêta pas en si beau chemin. Il résolut d'ériger le château en place d'armes, tant pour amuser Monseigneur, que pour l'occuper et satisfaire sa juste ambition que le prince Eugène avait constamment humiliée. A l'exemple des Romains, qui savaient occuper leurs troupes en tems de paix, il employa les gardes et les pages à enlever des fossés les grenouilles et la boue qui les obstruaient depuis un demi-siècle. Il fit rétablir le pont-levis, qui dès-lors fut toujours levé, et deux hommes au moins devaient aller reconnaître ceux qui se présenteraient devant la forteresse. Un des gardes-du-corps fut planté en faction sur le bord du fossé ; un page, armé d'un cornet à bouquin, fut mis en vedette sur la tour de Witikind ; Brandt rassembla huit ou dix vieilles carabines; il en démonta les canons, et avec le secours du charron du lieu il établit sur la platte-forme de la tour une batterie qui devait être d'un grand effet, en cas de siége ; enfin il se promut au grade de major-général ; monsieur le Baron fut nommé, par acclamation, généralissime, et pendant quelque temps tout alla fort bien dans le château.

Cependant le genre de vie que menait habituellement monsieur le Baron, n'étant propre qu'a précipiter la destruction d'un corps cacochyme et usé, l'incommodité qu'il ressentait à la jambe augmenta considérablement. Monsieur le Baron n'en accola pas moins tendrement sa dame-jeanne, et sa jambe refusa un beau matin de soutenir ces ruines respectables. Brandt prit la jambe, la tourna, la retourna, la frotta, et décida qu'elle était paralisée. Il manda une seconde fois le charron du lieu, qu'on honora du titre de carrossier de Monseigneur, et qui fixa le fauteuil de bois d'érable sur quatre roues neuves et solides. C'est dans cette voiture que Ferdinand XV, traîné ou poussé par ses pages, voyageait d'un appartement à un autre, visitait les postes, et passait la parade.

La maison établie enfin sur ce pied respectable, chacun étant pénétré de l'importance et de la dignité de ses fonctions, et tous les remplissant avec la plus scrupuleuse exactitude, Brandt crut qu'il était temps de déployer aux yeux des voisins étonnés toute la magnificence de son seigneur. Il fit, sous la dictée de monsieur le Baron, une liste de ceux qu'on pouvait recevoir sans s'encanailler, et on exclut tout ce qui n'avait pas trente-deux quartiers rigoureusement prouvés. Heureux temps, heureux pays, où, lorsqu'on compte un grand homme parmi ses ancêtes, on est encore honoré pour ses vertus qu'on n'a pas, et qu'il est inutile d'acquérir, puisque des titres tiennent lieu de tout !

La liste terminée, examinée, commentée, épurée, les billets d'invitation furent faits, et quatre pages expédiés à l'orient, à l'occident, au nord et au midi, pour les porter à leurs adresses.

Monsieur le Baron, qui était à la fois magnanime et parsimonieux, ordonna une chasse générale dans ses domaines, et il enjoignit à ses vassaux de se tenir prêts à faire une battue sous la conduite de son major-général. Le jour indiqué, Brandt sortit à la tête de toutes ses troupes, à la réserve de ce qui était indispensable pour la garde du château. Vingt ou trente paysans, armés tant bien que mal, se joignirent respectueusement à lui ; les piqueurs tenaient en lesse les quatre mâtins de Monseigneur ; le cornet à bouquin sonna, et on marcha pompeusement vers un bois d'une lieue et demie de circonférence, dans lequel on s'enfonça.

On va, on vient, on retourne, on marche deux heures, on ne voit rien, on n'espère rien ; Brandt fronce le sourcil, et commence à jurer entre ses dents. Il entend un cri perçant ; il se retourne : c'était un page de Monseigneur, qu'un loup affamé avait happé par la fesse, et qui lui faisait faire des grimaces de possédé. L'intrépide Brandt accourt le coutelas au poing, et jette l'animal sur le carreau. Homme à toutes mains, il déboutonne le haut-de-chausse du petit malheureux, et se met en devoir d'étancher son sang. Un paysan lui apprend qu'à cinquante pas de là il trouvera une mare environnée de broussailles. Brandt remonte à cheval, prend le blessé en croupe, et, à travers des épines entrelacées et très-épaisses, il arrive au bord de la mare. Il se disposait à commencer son pansement, lorsqu'il apperçoit les oreilles d'un énorme sanglier, dont le corps était caché sous les ronces. Il saisit un pistolet d'arçon, *pique au monstre*, lâche son coup, et lui effleure simplement les côtes. L'animal furieux marche à son ennemi, s'élance, et d'un coup de boutoir, qu'il destinait à Brandt, il éventre le meilleur des deux chevaux du Baron, qui tombe sous le major-général. Celui-ci se relève lestement, prend son second pistolet, et poursuit le sanglier, qui se dérobe dans les brousailles.

Furieux à son tour, Brandt veut faire donner la meute; il anime ses chiens du geste et de la voix. Les chiens, qui ne se connaissent qu'en moutons et en viandes cuites, ne sentent rien, le regardent et n'avancent pas. Il en saisit un de chaque main par la peau du cou, il les traîne il les porte sur la piste; ils s'arrêtent et le regardent encore. Indigné de leur lâcheté ou de leur ineptie, Brandt tempête, jure, les sabre, et voilà Monseigneur sans meute, et réduit à un seul cheval.

Brandt, que rien ne peut déconcerter, jure tous ses jurons à la fois, que le sanglier sera servi sur la table de monsieur le Baron. Il rassemble tout son monde, et il donne l'ordre d'une attaque générale. Les vassaux tremblans, sont incapables d'obéir. Brandt, qui ne connaît pas de dangers, les regarde avec un rire d'amertume et de pitié, recharge ses pistolets, et s'enfonce dans les épines, suivi de messieurs les gardes-du-corps. Les pointes déchirent ses bottines, mettent en lambeaux son pantalon et ses jambes. Il s'arrête, il trépigne, il veut avancer encore; la douleur l'emporte sur son opiniâtreté; il recule pour la première fois de sa vie; le sanglier est sauvé, et Brandt est au désespoir.

On applique une poignée de tabac sur le postérieur du page, qui crie comme un enragé, et à qui Brandt impose silence à coups de plat de sabre; on écorche les morts; leurs paux sont portées en chasubles par autant de paysans; on boit un coup, et on se dispose à sortir de ce bois malencontreux.

Au milieu de tant de désastre, Brandt n'était affecté que de la necessité de tirer du trésor de quoi faire face aux frais du repas, et il roulait dans sa tête mille projets différens pour régaler ses hôtes sans écorner sa finance. On allait sortir du bois, lorsqu'on aperçut sur la lisière une vache et son veau, qu'un malheureux paysan nourrissait aux dépens de son seigneur. Brandt casse la tête au veau, et le charge sur son épaule. Les gardes-du-corps traitent la mère aussi cruellement, la coupent en quartiers, et l'emportent. Le paysan se plaint, murmure; Brandt lui fait un très-beau discours sur le respect dû aux propriétés, et lui prouve clairement que lorsqu'une vache et son veau ont goûté de l'herbe de leur seigneur, ils doivent être confisqués à son profit.

Brandt rendit compte de son expédition à M. le Baron, qui fit une mine épouvantable, et qui jura comme un païen. Brandt découvrit ses jambes, dont les blessures attestaient sa valeur, et il jura plus haut que M. le Baron. Comme il avait pris sur lui un ascendant extraordinaire, celui-ci se calma un peu, et sa fureur se tourna contre le sanglier. Brandt, qui avait toujours un expédient à son service, lui dit qu'il avait un moyen sûr de lui livrer l'animal tout cuit : c'était de mettre le feu à la forêt. Pour la première fois, le général ne fut pas de l'avis de son major.

Cette boutade passée, on ne s'occupa plus que des préparatifs. Brandt fit comparaître la cuisinière. « Tu » prendras, lui dit-il, une cuisse de » la vache, tu la mettras dans la » chaudière, et ce sera le pot au feu : » les gardes pourront fricasser le » corps pour leur consommation. Tu » rôtiras deux gigots de veau, tu feras bouillir sa tête, et tu mettras le » reste en ragoût. Tu emprunteras » dans le village douze douzaines » d'œufs, que nous rendrons quand » nous aurons des poules, et tu en

» feras une omelette : tout cela ne » suffira pas, mais le surplus me re» garde. »

Il attacha des hameçons à des ficelles, et les ficelles à des bâtons qu'il enfonça dans le fumier que les pages portaient de l'écurie à l'extérieur du château ; il mit à chaque hameçon une boulette de pain, et il planta un piqueur, un sac sous le bras, à quatre pas du tas de fumier : « A mesure, lui dit-il, que les pou» s'accrocheront, tu les décrocheras » et tu les jeteras dans ton sac. Quand » tu en auras six, tu détendras tes » lignes, et tu porteras ta pêche à la » cuisine. Je vais voir dans le village » si je ne trouverai pas quelque » chose de délicat pour mesdames et » mesdemoiselles les comtesses et les » baronnes. »

A peine Brandt fut-il sorti du château, qu'il aperçut la cuisinière aux prises avec un villageois qui n'entendait pas raison, et qui ne voulait pas prêter ses œufs à monseigneur. Il entra dans la maison, s'assit sur le fauteuil du maître, et lui dit que, puisqu'il ne voulait pas prêter, il était tout simple d'acheter. En pérorant, Brandt lorgnait un vieux cygne qui se promenait majestueusement dans la boue, en attendant qu'il plût au ciel de lui envoyer de l'eau. Plus il convoitait le cygne, plus il s'efforçait d'être aimable envers le paysan, qui, charmé de ses manières, et comptant sur de l'argent frais, descendit enfin à la cave pour aller chercher ses œufs. Brandt saute dans la cour, prend le cygne par le cou, l'étouffe, lève les jupons de la cuisinière ébahie, et lui pend la volaille entre les jambes. Le paysan remonte avec ses œufs; Brandt le conduit au château, parce qu'il n'a pas d'argent dans sa poche; il lui propose à déjeûner; le paysan répond que c'est bien de l'honneur pour lui. On lui met sur le gril une entre-côte de vache ; on le sert, et Brandt lui-même lui verse à boire. Le paysan, ravi de tant d'honnêtetés, s'en donne à cœur-joie. « Comptons, lui dit Brandt » quand il eut déjeûné : douze dou- » zaines d'œufs.... A combien ? — A » deux florins le tout, et c'est don- » ner. — Allons, tu es raisonnable, » et je veux l'être aussi. Un florin » pour ton déjeûner ; plus un ducat » pour l'honneur inappréciable d'a- » voir déjeûné chez M. le Baron ; » rends-moi mon reste, et va-t-en. » Le paysan se récrie, Brandt insiste. Le premier s'emporte, le second menace ; les gardes arrivent au bruit, et le paysan tremble. Brandt proteste qu'il est incapable d'abuser de ses forces, et qu'il va faire un acte inoui de générosité. Il veut bien qu'on se sépare quitte à quitte, et le paysan s'esquive en se promettant bien de ne plus déjeûner chez M. le Baron.

Le jour du festin, Brandt se lève au point du jour, bat la générale, passe une revue de propreté, et, décidé à combler d'honneurs ses nobles convives, il charge à double charge toutes les pièces qui composaient la batterie de la tour de Witikind; enfin il se livre uniquement aux affaires de la cuisine. Il choisit la chambre la plus vaste et la moins délabrée, et donne ordre de mettre la table. Il n'y en avait qu'une dans le château, quatre personnes pouvaient à peine y manger à l'aise, et on en attendait quarante. Brandt fait mettre debout les futailles qu'il a vidées avec son général; il monte au grenier, il détache du plancher une vingtaine de planches; le carrossier de monseigneur les cloue sur les futailles, et voilà une table. Le Baron, accoutumé à se passer de tout à l'armée, n'avait pas encore de linge d'office; Brandt prend une paire de draps, la cuisinière les faufile, et voilà une nappe; il coupe une seconde paire de drap en vingt ou trente morceaux, et voilà des serviettes ; mais il ne resta de draps au château que ceux qui étaient dans le lit du Baron et dans celui de son major.

Il commençait à faire froid ; Brandt fait clouer sur le carreau les peaux du loup, du cheval, des chiens, de la vache et du veau, et voilà un tapis digne de l'impératrice de toutes les Russies. Il ne se trouva que douze chaises ou fauteuils en état de soutenir leur homme ; on remonte au grenier, on lève encore quelques planches, et en un tour de main le carrossier en fait des bancs. On manquait de vaisselle ; les gardes-du-corps, la carabine sur l'épaule, vont mettre en réquisition la poterie du village, avec injonction aux propriétaires de venir le lendemain reconnaître leurs propriétés. On n'avait pas de bouteilles ; on monta de la cave, dans la salle à manger, une pièce de vin du Rhin, on la dressa, on la défonça, et les pages eurent ordre de remplir les pots à mesure qu'on les viderait. Enfin Brandt prit quatre assiettes, il les emplit d'huile, y mit des mèches, et les suspendit aux quatre coins de la salle avec des ficelles : c'était pour l'illumination. Tout en courant, en agissant, en ordonnant, Brandt jurait à M. le Baron qu'on n'aurait jamais vu dans la Basse-Saxe une fête aussi magnifique et aussi bien entendue.

A midi, le garde-du-corps qui était en fonction, cria *werdaw* d'une manière qui fit trembler le pont-levis et sa charpente. C'est la noblesse des environs, répondit une vieille baronne à la grande bouche, au long nez, aux sourcils épais, aux peaux ridées. Elle portait un singe sous un bras, un perroquet sur l'épaule; elle avait du rouge et des mouches; sa *modeste* était chargée de tabac d'Espagne, et son chignon était retroussé jusqu'à la racine de ses cheveux, pour ne pas salir sa robe de gros de Tours ponceau, broché en or, qu'elle s'était faite avec les rideaux de lit de feu l'électeur de Bavière, lesquels, d'encan en encan, et de tapissier en tapissier, étaient arrivés jusqu'à elle. Aussitôt le page en vedette fait retentir son cornet; monseigneur monte dans son fauteuil à roulettes; quatre pages enlèvent le suzerain sur leurs épaules, et descendent les degrés qui conduisent à la cour. C'est ainsi qu'au bon vieux temps on élevait sur le pavois, empereurs, rois et généraux, et cette cérémonie leur tenait lieu des qualités qu'ils n'avaient pas; car enfin, quoi qu'en dise le critique, on ne peut pas tout avoir.

Monseigneur, arrivé au pied du pont-levis, ses pages autour de son fauteuil, et ses gardes rangés en haie, voit défiler devant lui vingt chariots de Hongrie, ou voitures d'osier chargées des armoiries des titulaires. A leur entrée, Brandt les salue d'une triple décharge de la batterie de la tour, ce qui fut trouvé très-galant; ils sont reçus du haut du perron par monsieur le grand aumônier, qui leur fait une harangue latine, où personne ne comprit rien, ni lui non plus; enfin on entra dans un vaste vestibule, où était une cheminée de huit pieds de large sur six de haut. Brandt y avait allumé un bûcher *inquisitorial* ou *malabarois*, dont la volumineuse ardeur invita la noblesse saxonne à décrire un nouveau cercle, qui n'a pas encore été compté dans la constitution germanique.

Pendant que monseigneur complimentait ses hôtes le moins mal qu'il lui était possible, le zélé, l'infatigable Brandt s'occupait d'autre chose. Il restait au magasin à fourrages sept à huit bottes de foin, deux ou trois boisseaux d'avoine, et quarante chevaux environ venaient d'entrer les écuries. Brandt, qui ne comptait pas sur ce surcroît de convives, fut embarrassé un moment ; mais son inépuisable imagination venant toujours à son secours, il laissa la valetaille crier au foin, à la paille, à l'avoine, et dédaignant d'entrer en explication avec cette canaille, il ne répondit qu'en faisant circuler dans les mangeoires trente boisseaux de bled-froment, dont M. le Baron avait fait emplette pour son approvisionnement d'hiver. Etonnement, stupéfaction de la part des laquais ; Brandt leur dit avec emphase : « C'est ainsi » que les chevaux sont traités au « château de Felsheim ; les laquais y » boivent à discrétion : jugez du » traitement qu'on réserve aux maî» tres ! »

On servit, et cinq cents quartiers, en quarante volumes, se mirent à table. M. le Baron, dans son fauteui à roulettes, occupait le haut bout. Il avait à sa droite la dame au singe et au perroquet, et à sa gauche, mademoiselle Heidelberg, la plus jeune, la plus jolie, la plus innocente et la plus pauvre des baronnes saxonnes. Le reste se plaça selon l'antiquité de sa race, sans autre démêlé que celui qui s'éleva entre deux femmes, dont l'une prétendit que son quint-aïeul avait été chambellan de Lothaire, roi de Lorraine, et qu'ainsi la suprématie lui appartenait. L'autre lui prouva l'impossibilité de son assertion, en ce qu'il s'était écoulé vingt-cinq ou trente générations depuis le roi Lothaire, qui vivait en 862, et qu'il était très-douteux que le roi Lothaire eût des chambellans; mais elle certifia que sa vigésime-sext-aïeule avait été dame d'honneur de la reine Teutberge, épouse de ce même Lothaire. Son adversaire la défia de prouver, et elle cita des faits. « Teutberge fut répudiée, dit-» elle, pour avoir couché avec son » frère. Le roi, son mari, n'en sa-» vait rien; mais ma vigésime-sext-

» aïeule le savait fort bien, puisque » tous les soirs elle introduisait le » frère dans la chambre de la sœur. » Jalouse de la gloire du roi son » maître, qui grillait d'épouser sa » maîtresse Valrade, elle l'avertit de » ce commerce illicite; et le roi, » autorisé par deux conciles, répudia » la reine, qui n'avait pas eu besoin » de tant de formalités pour faire ce » que font encore tant de femmes, » sans que pour cela les maris assem- » blent des conciles. »

Il fut décidé à l'unanimité, que l'illustre rejeton de la dame d'honneur de la reine Teutberge prendrait place au-dessus de sa cadette en titres, qui rougit, se mordit les lèvres, et se détermina pourtant à boire et à manger. Son exemple fut suivi par le reste des convives, que l'aveugle et injuste nature avait soumis aux mêmes besoins que les roturiers.

Quoique major-général du château, Brandt, qui n'était pas noble du tout, se garda bien de se mettre à table. La manche retroussée jusqu'au coude, son sabre de bataille à la main, il découpait gravement la cuisse de vache, qu'il jurait être un quartier de bœuf que son maître avait fait venir de Westphalie; il présentait aux dames, d'un air tout-à-fait gracieux, les membres des vieilles poules qu'il garantissait poulardes de Magdebourg. Chacun avait mordu au bœuf de Westphalie, et personne n'avait pu le mâcher; le diable, avec ses dents infernales, n'aurait pas incorporé la plus petite partie des poulardes de Magdebourg : elles étaient dures comme la cuirasse de Witikind. Brandt se plaignit, en termes énergiques, de la friponnerie ou de l'ignorance des pourvoyeurs de M. le Baron; il jura qu'il les changerait, et il invita les convives à se dédommager sur la tête et le train de devant d'un veau de Gluckstadt, qui devait être délicieux. Il donna un coup-d'œil aux pages, qui versèrent à boire avec grâce et vivacité. Le veau se trouva mangeable; on but beaucoup, personne ne se plaignit; le Baron regarda Brandt d'un air de bienveillance, et le second service remplaça le premier.

Quelques comtes ou barons, qui boivent à la vérité tous les jours, mais qui ne mangent de la viande fraîche que les dimanches, se disaient des mots à l'oreille, et paraissaient faire les difficiles, bien que cela ne leur allât pas du tout. Quelques petites maîtresses (car il y en a par-tout, même en Saxe), regardaient, en souriant, M. le Baron, qui trouvait tout au mieux, et qui remercia ces dames des marques d'approbation qu'il croyait en avoir reçues.

Pendant que ces petits incidens se passaient, les pages mettaient sur table deux plats composés chacun d'une fesse de veau rotie. Ils étaient flanqués de quatre omelettes de trente-six œufs, et au milieu figurait le cygne en pâté. Sa tête et son cou, garnis de toutes leurs plumes, s'élevaient majestueusement au-dessus de la croûte supérieure ; au cou pendaient les armes de monseigneur, dessinées sur carton, de la main de Brandt, et elles étaient répétées en bas-relief sur tout le pourtour du pâté.

Un cri général d'admiration s'éleva de toutes les parties de la table, et on se disposa à festoyer ce service étonnant. D'un coup de sabre, Brandt fait sauter la tête et le cou du cygne, et les présente à mademoiselle Heidelberg; M. le Baron sourit à Brandt, mais les autres dames rougirent d'indignation. Brandt, tout à son affaire, frappe le pâté d'estoc et de taille ; le cygne est en morceaux ; les assiettes sont couvertes ; mais le diable n'eût pas plus aisément mangé du cygne que des poulets, et les omelettes, sur lesquelles on se rejeta, avaient un autre inconvénient, presque tous les œufs étaient couvés, et la cuisinière, dont les années avaient affaibli les yeux, ne s'en était pas aperçue. On fut obligé de se venger sur le veau; on ne dîna qu'avec du veau : mais de quoi ne se console-t-on pas dans la vie? Le vin du Rhin était excellent, les pages emplissaient les vidercomes, les convives les vidaient, et on les remplissait de nouveau.

A quelques désagrémens près, jamais dîner ne fut plus distingué que celui-ci; on n'y parla que de noblesse. Les fumées du vin du Rhin se joignant à celles de l'extraction, les barons, à la fin du repas, se métamorphosèrent en excellences, et chacune de leurs excellences fût descendue au moins de Romulus, du roi Priam, ou de Bélus, si leurs excellences eussent connu l'histoire.

Les entremêts n'étaient pas encore très-connus; Brandt n'en avait jamais entendu parler; il n'y a pas de dessert à l'armée, et Brandt avait passé sa vie dans les camps : il n'y eut donc ni entremets, ni dessert. Quelques dames, qui avaient vu manger le duc de Meckelbourg et le marquis de Lusace, parlèrent legèrement entremets et dessert. Le Baron regarda Brandt d'un air qui voulait dire : « De quoi nous parle-t-on » là ?» Brand lui répondit d'un coup-d'œil qui signifiait : « Je sais ce que » c'est, » et aussitôt on apporta des pipes, du tabac et des crachoirs, pour ne pas gâter les tapis. On y joignit dix à douze pintes de rogomme et un pain de sucre, pour faire l'eau-de-vie brûlée. Le magister se présenta humblement, et chanta d'une voix chevrotante sept ou huit romances connues dans le pays, lesquelles furent accompagnées des voix glapissantes de ces dames. Leurs nobles époux, dont les estomacs mençaient à être surchargés, s'unirent d'intention aux chanteurs.

Mesdames et mesdemoiselles les baronnes, que rien ne retenait plus à table, pas même une figure d'homme supportable, se levèrent pour passer dans une salle voisine, que Brandt avait chauffée avec ce qui restait des pommiers et des pruniers coupés dans le jardin de monseigneur.

Monseigneur avait toujours été un peu libertin. Il n'avait plus rien de libertin que l'imagination, et cependant il avait lorgné pendant tout le repas mademoiselle Heidelberg, à qui il faisait peur, qui était trop jolie et trop intéressante pour devoir être sacrifiée à un mari éclopé; mais les dieux et Brandt en ordonnèrent autrement. Monseigneur avait eu vingt fois l'envie d'adresser à son aimable voisine un compliment passablement tourné; mais quand il était fortement ému, il ne trouvait que ses jurons, et il ne voulut pas jurer devant mademoiselle Heidelberg. Lorsqu'elle se leva de table, il essaya de se lever aussi pour lui présenter la main; mais Bacchus, l'ennemi juré de l'Amour, ne lui permit pas de prendre l'equilibre. Il retomba dans son fauteuil, où Brandt l'attacha avec son ceinturon, pour l'empêcher de rouler sous la table.

Ces dames, ne sachant que dire, car on ne peut pas toujours parler noblesse, s'ennuyaient mortellement en attendant qu'il plût à leurs époux de partir. Mademoiselle Heidelberg, la plus raisonnable comme la plus jolie, essaya de distraire ces dames sans pouvoir y réussir. Elle prit le parti de penser pour elle seule : fille qui pense s'amuse toujours. Les pensées qui viennent du cœur sont si intéressantes!

Brandt s'occupait à rétablir l'ordre

à la cuisine. Vingt laquais déguenillés et six femmes suivantes s'arrachaient les morceaux. Les gardes-du-corps et les pages s'étaient mêlés à la valetaille, et caressaient alternavement le bœuf de Westphalie, les poulardes de Magebourg, et les soubrettes de leurs excellences. Brandt retroussa sa moustache, jura trois fois, et le beau sexe fut respecté un moment. On s'assit par terre, faute de siéges; on forma un rond, au milieu duquel furent placés les restes du dîner, et les pages allèrent remplir à la cave six cruches de huit pintes chacune. « Que l'on boive, » que l'on mange, dit Brandt, qu'on » s'énivre même, mais qu'on ménage » ces dames, qui paraissent ne pas » se soucier de vous. » Parmi ces dames était une jeune bavaroise attachée à mademoiselle Heidelberg. C'était une petite brune, vive, piquante, dodue, qui plaisait à tout le monde, et qui plut d'abord à

Brandt, étonné de se trouver sensible Un grand coquin de garde-du-corps, qui se connaissait en femmes, serrait mademoiselle Crettle de près, et glissait furtivement sa main sous son mouchoir Mademoiselle Crettle, peu faite à ces manières lestes, se plaignait amèrement des procédés du garde-du-corps. Ses appas, ses plaintes, l'amour naissant, la jalousie, le vin, l'eau-de-vie, tout se réunissait pour faire de Brandt un homme extraordinaire. « Mon camarade, dit-il au téméraire qui
» spoliait les charmes de mademoi-
» selle Crettle, à l'armée tout est de
» bonne prise; on trouve une fille,
» on la saisit d'un bras nerveux; elle
» résiste, on la viole : c'est reçu,
» c'est convenu; j'en ai violé moi-
» même; mais c'était en pays enne-
» nemi, et sacrebleu on ne violera
» pas mademoiselle, tant que je serai
» major-général du château. » Le garde lui répond que, hors le ser-

vice, il ne connaît pas de supérieur. Brandt, jaloux de son autorité, lui ordonne de se rendre au colombier, et le garde-du-corps l'envoie à tous les diables.

Outré de colère, Brandt ordonne à ses camarades de le conduire en prison. Ses camarades tournent les talons, font la sourde oreille, boivent un coup, et le garde-du-corps, sans respect pour son chef, sans égards pour l'innocence, renouvelle ses attentats. Les épingles cèdent à la vivacité de l'attaque, le fichu est en lambeaux, deux boules d'ivoire sont exposées à tous les yeux; Crettle n'a pas assez de ses deux mains pour se défendre; elle soupire, elle pleure, elle crie. « Puisque tu ne connais plus » de supérieur, dit Brandt d'une voix » de tonnerre, et en poussant des blas- » phêmes affreux, tu connaîtras ce » bras au châtiment qu'il va te faire » subir : prends ton sabre, et suis- » moi. » Crettle fond en larmes; elle abhorre le sang; elle se reprochera éternellement celui qu'on va répandre. Brandt n'entend rien; il ne respire que vengeance, il sort, et le garde luxurieux le suit.

Les sabres sont tirés, les lames se croisent; Brandt pare le premier coup, et du second il coupe une oreille à son adversaire, et lui fait une entaille à l'épaule. « Comme ton » rival, je suis content, lui dit-il; » comme ton officier, je ne le suis » pas. Va te faire panser, et rends-» toi au colombier. » L'indisciplinable garde refuse d'obéir, et pour la première fois ses camarades osent murmurer. Des murmures ils passent aux reproches; les gardes de monseigneur sont en insurrection. Brandt, que rien n'émeut, se remet en garde, et défie les mutins. Un second se présente, Brandt l'attaque avec fureur. Le garde pressé, rompt, perd la tête et fait une volte : Brandt avait alongé son coup, il tombe d'aplomb sur le nez du garde, et le jette à ses pieds. Brandt, énorgueilli de sa double victoire, ordonne aux six autres, intimidés par sa valeur et ses succès, de mettre les deux rebelles en prison. On balance, il se remet en garde : on obéit, il se calme. « J'ai voulu, » j'ai dû, leur dit-il avec dignité, » maintenir la discipline ; vous ren- » trez dans le devoir, c'est assez : je » sais vaincre et pardonner. Allez » vous coucher, et respectez à l'ave- » nir mon autorité et mes amours ! »

Brandt avait entendu parler des lois de la chevalerie : il vient déposer aux pieds de Crettle, l'oreille et le nez des vaincus. A l'aspect de ce tribut de Cannibale, Crettle veut fuir, Brand l'arrète : « La beauté, » lui dit-il, appartient à celui qui » sait la mériter. Je ne sais pas faire » l'amour, mais je sais aimer, et je » vous le prouverai. Vous me con- » venez, et je vous ai gagnée au bout

» de mon sabre. Je vous prends, » prenez-moi, et que tout soit fini. » La petite Crettle ne fut pas séduite par ce discours; mais une femme s'intéresse toujours à un homme qui s'est battu pour elle, et qui s'est bien battu. Elle jeta un coup d'œil en dessous à Brandt, et son signalement passa de ses yeux à son cœur. C'était un drôle vigoureux, qui n'avait pas plus de quarante ans; épaules larges, poitrine ouverte, jarret tendu, œil, moustaches et cheveux noirs. Une fille aime toujours ces gens-là; ils promettent et manquent rarement de parole. Le résultat de l'examen fut un sourire de Crettle, qui présenta sa main blanchette à Brandt, et qui lui dit en jouant de la prunelle: « Nous verrons cela. — L'honneur de » vous embrasser, mademoiselle, » répliqua Brandt, respectueusement » incliné, la main droite à son bon- » net de feutre. — Tout l'honneur » sera pour moi, M. le major. —

» Cela vous plaît à dire, mademoi-
» selle; » et il l'embrassa avec une énergie dont la petite Crettle se félicita intérieurement.

« Vous ne pouvez pas partir ce
» soir, dit Brandt, qui avait ses pro-
» jets. — Pourquoi cela, répond
» Crettle, qui le pénétrait à mer-
» veille? — Vous n'avez pas de do-
» mestiques; le baron de Heidelberg
» dort sous un banc; votre maîtresse
» ni vous, vous ne savez pas mener
» une carriole; d'ailleurs les chemins
» ne sont pas sûrs. Pour les autres,
» ce sont leurs affaires : un baron de
» plus ou de moins n'empêchera pas
» le raisin de mûrir. — Vous vou-
» driez donc, M. le major, que nous
» passassions la nuit ici? — Et je vous
» la promets excellente. J'ai un lit
» pour mademoiselle Heidelberg, et
» je vous en réserve un où vous
» serez comme une électrice. Pour
» le baron, votre maître, ce n'est
» que demain matin qu'il s'aperce-

» vra qu'il aura couché par terre. »

Crettle, à qui le major-général plaisait déjà beaucoup, se chargea très-aisément de persuader sa maîtresse, et cela, comme on le pense bien, dans la seule vue de lui épargner les dangers imminens d'un voyage nocturne. Mademoiselle Heidelberg ne se plaisait pas du tout au château de Felsheim; mais c'était une jeune personne pleine de sens et de douceur : elle se rendit aux raisons de Crettle, et se résigna.

Les baronnes, impatientes de retourner dans leur manoir, étaient rentrées dans la salle à manger. Chacune cherchait, démêlait son baron d'entre ses collègues, les bancs, les pots et les chaises, le faisait hisser dans son équipage, et y montait après lui. Une décharge de la tour avait donné le signal du départ; le cornet à bouquin avait sonné, le pont s'était baissé, et les vingt voitures partirent après avoir essuyé un discours que Brandt leur adressa au nom de M. le baron de Felsheim, qui avait perdu connaissance.

A peine le château fut-il évacué, que Brandt s'occupa de ses plaisirs. Il court à la chambre à coucher, dérange son lit, trop voisin de celui qu'il destinait à mademoiselle Heidelberg, et le traîne dans un cabinet éloigné, dont la porte, sans serrure et sans loquet, laissait Crettle sans défense. Il revient à mademoiselle Heidelberg, l'invite à le suivre dans son appartement, et lui fait ses excuses sur l'impossibilité où il est de lui donner des draps blancs. Mademoiselle Heidelberg, au lieu de perdre le temps en réflexions inutiles, prend le parti de se coucher toute habillée, en recommandant le baron son père aux soins vigilans de monsieur le major.

Celui-ci prend mademoiselle Crettle par la main, la conduit à l'extrémité du château, et lui montrant son lit:

« J'espère, lui dit-il, que vous serez » moins difficile que votre maîtresse ; » vous vous déshabillerez. Ce lit est » le mien, ces draps sont les miens, » et je me flatte que vous en respire- » rez le fumet avec plaisir. »

Après cette harangue préparatoire, il retourne dans la salle à manger, prend un baron sous chaque bras, reporte messieurs de Heidelberg et de Felshem dans la chambre où les dames s'étaient retirées en quittant la table ; il les étend sur le plancher, les pieds tournés vers un bon brasier ; il renverse deux chaises, et leur en fait à chacun un oreiller ; il met en-tr'eux ce qui restait d'eau-de-vie brû-lée ; il va visiter ses postes, ferme les portes, regagne le cabinet de Crettle, et se déshabille sans autre formalité. « Que faites-vous, grand » Dieu ! — Je me déshabille. — Vous » oseriez coucher avec moi ! — J'o- » serai bien davantage. — Et je le » souffrirai ! — Je l'espère. » Et il entre au lit. « Que faites-vous, M. le » major? — L'amour. — Mais, ma » vertu..... — Mais le bonheur! — » Quelle manière de se présenter! — » C'est la meilleure. — C'est une » monstruosité. — Prenez-vous-en à » la nature. » Et de position en position, Brandt s'approcha tellement du corps de la place, qu'il fallut se rendre à discrétion.

Crettle pleura beaucoup : c'est la règle. Brandt la consola, et elle pleura plus fort. Nouvelles consolations de la part de Brandt; nouvelles larmes de la part de Crettle. Toute la nuit les consolations succédèrent aux larmes, et les larmes aux consolations. « Sacrebleu, s'écria Brandt » au point du jour, vous êtes inconsolable; une compagnie de hus- » sards n'y suffirait pas. Pleurez tant » qu'il vous plaira, je n'ai plus de » consolations à vous offrir. » Crettle, après s'être assurée de la vérité de ces paroles, se calma, s'endormit, et

Brandt, qui devenait galant, alla lui faire une soupe à la bière, pour la remettre des fatigues de la nuit.

« La jolie chose qu'une petite fem-
» me! disait Brandt, assis près du lit
» de Crettle, son écuelle à la main.
» La terrible chose qu'un hussard!
» dit Crettle en ouvrant un œil hu-
» mide et langoureux. — Tenez, pre-
» nez, mangez, cela vous remettra.
» — C'est excellent... Il fait tout avec
» une grâce... — C'est trop honnête,
» mademoiselle Crettle. — Quel cha-
» grin de quitter un petit homme
» comme cela! — Et pourquoi se
» quitter? — Et ma maîtresse! — Et
» nos amours? Ah! ah! il me vient
» une idée. — Ah! voyons cela. —
» Vous voulez rester avec votre maî-
» tresse! — Oui, si cela se peut. —
» Elle est d'une haute noblesse? —
» Oh! je vous en réponds. — Pau-
» vre? — Pas un florin. — Je la ma-
» rie à M. le Baron. — Mais elle a
» un amant. — Riche? — Autant

» qu'elle. — Elle épousera M. le » Baron. — Mais son amant... — Un » amant n'empêche pas qu'on ne » prenne un mari. — Ah! j'entends... » Comme dit le proverbe... — Abon- » dance de bien ne nuit pas. »

Mademoiselle Cretle, assise sur le bord de son lit, faisait fête au déjeûner que lui avait offert M. le major; et celui-ci, en caressant une petite jambe faite au tour, passait un bas bleu à coins noirs, chaussait la pantoufle de marroquin vert, et présentait le jupon de ratine écarlate. Il rattache deux tresses que formaient les plus beaux cheveux du monde, replace à regret un double fichu fermé par de triples épingles, prend un dernier baiser, présente la main à sa belle, et la conduit à l'appartement où mademoiselle Heidelberg, le baron son père, et le généralissime Felsheim venaient de se rassembler. Messieurs les Barons avaient la tête fatiguée des excès de la veille, la jeune demoiselle s'ennuyait à périr, les adieux furent courts, et on se quitta avec un sensible plaisir.

En montant en voiture, la petite bavaroise lança à son hussard un coup d'œil significatif. Les premiers feux de Brandt se rallumèrent, et il se décida, sans retour, à marier son général. C'est ainsi que les plus hautes destinées dépendent quelquefois des caprices d'un faquin.

## CHAPITRE III.

*Le Baron se marie et fait des prodiges.*

Le valeureux Brandt, la sensible Crettle ne rêvaient plus qu'au mariage du généralissime; la belle Heidelberg ne soupçonnait pas le malheur qui la menaçait, et le modeste Baron ne se doutait pas qu'on lui fît l'honneur de le croire bon encore à quelque chose

« Mon général, lui dit Brandt en » mangeant avec lui tête-à-tête les » rogatons de la veille, avez-vous re- » marqué la jeune personne qui était » hier à table à côté de vous? Si je » l'ai remarquée, répondit le Baron » en caressant sa moustache, et en » riant du rire des satyres! — C'est » une belle fille que cette fille-là. — » Rayonnante, mon ami, rayonnan- » te. — C'est la... la... l... aidez-moi » donc, mon général. — La Vénus » de la Saxe. — Oui, c'est le mot, » vous êtes savant. — Je ne m'en » doute pas, ou le diable m'emporte; » mais j'ai là haut une vieille beauté » enfumée, qui caresse un beau jeune » homme aussi vieux qu'elle, et mon » père a su de mon grand-père que » cela représentait Vénus et Adonis. » — La Vénus était hier ici en per- » sonne, mon général. — Oh! elle » est bien mieux que ma Vénus. » Celle de mon grenier a été faite sur » quelque marchande de bière ou

» de genièvre : elle est courte, épais-
» se; elle a le nez barbouillé de ta-
» bac, et je ne crois pas avoir ouï
» dire que Vénus prît du tabac. Celle
» d'hier est mignonne, élancée; une
» peau brillante comme la lame de
» mon sabre; des cheveux comme les
» crins de mon cheval de bataille;
» des sourcils arqués, des yeux longs
» et noirs, certaines formes qu'elle a
» grand soin de cacher, mais que
» nous devinons aisément, nous au-
» tres connaisseurs : tout cela est
» fait pour mettre le diable au corps.
» — Puisse-t-il rentrer dans le vôtre,
» M. le Baron. — Que veux-tu dire?
» — Il ne manque qu'un Adonis à
» mademoiselle Heidelberg. — C'est
» ce que j'ai déjà pensé. — Osez l'ê-
» tre, mon général. — Tu te moques
» de moi. — Non, de par Marlbo-
» rough et le prince Eugène! —
» Mais pense donc qu'il me manque
» un œil, un bras, une jambe.....
» Il vous reste l'essentiel. D'ailleurs

» s'il faut un miracle, mademoiselle » Heidelberg est très-propre à l'opé- » rer. — Quoi ! sérieusement, tu crois » que je puis être encore un instru- » ment à miracles. — Vous souriez, » mon général, et vous le croyez » comme moi. Pensez donc qu'en » vous seul réside la postérité du » grand Witikind ; que vous êtes » comptable de vos faits et gestes » envers les mânes de vos illustres » aïeux, et que pour n'en pas être » maudit, il faut que vous gesticuliez » avec mademoiselle Heidelberg. — » Mais elle ne peut pas m'aimer. — » Qu'importe, pourvu qu'elle vous » épouse. — Mais si... — Quoi ? si... » — Tu ne m'entends pas ? — Oh ! à » merveille. Si... si cela vous arrive, » vous ferez comme tant d'autres, » vous vous consolerez. — Je sens » combien il serait doux de gesticuler » avec mademoiselle Heidelberg. — » Cela dépend de vous. — Tu le » crois, là, fermement ? — Oui, ou

» le diable me brûle. — Tu me per-
» suades. — Je pars pour Blekède,
» et de là je me rends à la terre du
» futur beau-père, qui ne rapporte
» rien, mais qui sera la terre pro-
» mise, s'il en sort un nouveau baron
» de Felsheim. Je présenterai mes
» missives, que je vais me faire moi-
» même, et pour cause, et je mets
» à l'instant même la main à la
» plume ».

« Monsieur le Baron, mon ami et
» mon égal.....

» — Oh ! mon égal ! — Oui, il
» faut flatter le père pour avoir la
» fille. — A la bonne heure. — Je
» continue ».

« Vous avez une fille superbe, qui
» me paraît conformée de manière
» à faire des enfans bien constitués.
» Vous sentez que la race des Barons
» de Felsheim ne doit pas s'éteindre,
» et c'est avec mademoiselle Heidel-
» berg que je compte la relever ».

« C'est très-bien, interrompit Fer-

» dinand xv. Ton style a de l'éléva-
» tion et de la délicatesse. —N'est-ce
» pas, mon général? Voyons main-
» tenant les conditions que nous pro-
» poserons au futur beau-père. —Je
» ne lui demande rien. — Je le défie
» de vous donner quelque chose ;
» mais que lui donnerez-vous ? —
» Rien de par tous les diables. L'hon-
» neur de mon alliance...—Vous fe-
» rez réparer sa chaumière. — A la
» bonne heure.—Il aura le droit de
» tuer tous les ans, dans vos do-
» maines, quatre sangliers pour son
» saloir. — Soit. — Vous lui ferez sa
» provision de vin... — Non pas s'il
» vous plaît. Il boirait mon revenu.
» Vos prétentions sont exorbitantes.
» —Mais pensez donc que nous n'a-
» vons que ce moyen de faire disparaî-
» tre trente bonnes années que vous
» avez de trop.—Point de vin, mon-
» sieur, point de vin. —Il faut que
» le beau-père puisse boire au suc-
» cès...— Que le beau-père boive de

» l'eau. — Oh! c'est inhumain. — Je
» m'en bats l'œil. — Vous n'aurez pas
» la fille. — Il la gardera. — Ainsi,
» plus de barons de Felsheim; au-
» cuns de ces jolis préliminaires qui
» vous faisaient sourire tout-à-
» l'heure. — Diable, diable, reprend
» le Baron en se grattant l'oreille, —
» Allons, mon général, seulement
» trois muids de vin du Rhin. — Un
» quartau par an, monsieur. — Ah!...
» ah!... — Un quartau, sacrebleu,
» rien qu'un quartau. — Mais je vous
» dis... — Paix! — Quoi!..... — Aux
» arrêts! — Si..... — En prison! —
» Au diable vous et votre postérité,
» dit Brandt d'une voix terrible, en
» jetant par la chambre, écritoire,
» plumes et papier. Je sue sang et eau
» pour vous faire faire un petit Fels-
» heim, et vous avez la cruauté de lui
» refuser l'existence! C'est à quelques
» brocs de vin que vous sacrifiez vo-
» tre enfant, l'espoir de la race future!
» Voyez ce petit baronnet qui saute,

» qui gambade à cheval sur votre
» grand sabre, votre bonnet enfoncé
» jusques sur ses épaules. Voyez-le
» cassant votre pipe, vous tirant par
» la moustache, vous enfonçant des
» épingles dans les gras des jambes,
» égratignant sa mère, buvant le ro-
» gomme sans faire la grimace, et ju-
» rant aussi haut que vous et moi en-
» semble. Si ce tableau ne vous émeut
» pas, vous êtes le fils d'une roche, et
» vous avez un cœur de pierre, d'ai-
» rain, d'acier; je vous renie, je
» vous abandonne, et vais rejoindre
» les drapeaux du prince Eugène.
» Vous vous attendrissez... Vos yeux
» se mouillent de larmes... — Je passe
» les trois muids de vin. — Je reprends
» la plume. »

Le paquet fermé, le cheval sellé, Brandt, aussi prompt que peut l'être un hussard saxon, prend au grand trot le chemin de Blekède.

Impatient de marier son maître, plus impatient encore de revoir sa petite Crettle, l'inpétueux Brandt pressait sa monture, et déchirait à grands coups d'éperons une masse dès long-temps accoutumée au repos. Des fibres relachées, des nerfs roidis reprenaient, sous l'aiguillon, leur première élasticité. Quatre membres engorgés frappaient lourdement le pavé saxon, et s'annonçaient de loin à l'humble piéton harassé et jaloux des destinées du hussard. Déja les clochers de Blékède paraissaient à travers une atmosphère épaisse. Brandt, à cet aspect seul, sent redoubler son courage. Il pique de nouveau, il tourmente, il désespère son quadrupède; il arrive à la barrière : le jour était sur son déclin. « *Werdaw !* lui crie d'une » voix enrouée et chevrotante, un » soldat déguenillé, aveugle et impo- » tent, qu'on avait assis sous un ap- » pentis de bois, et à qui on avait » attaché un fusil sans chien, sur l'é- » paule. — Ambassadeur, répond

» Brandt avec ses poumons infer-
» naux. — alte-là, répond l'invalide.
» Caporal, hors la garde ; venez
» reconnaître monsieur l'ambassa-
» deur ». Aussitôt huit estropiés de la bataille de Denain, arrivent clopin clopant, les uns soutenus par des béquilles, les autres sur des jambes de bois ; et le tambour de battre aux champs, et la garde de se ranger en haie, et de présenter les armes, et le consigne en bandoulière de se présenter pour accompagner monsieur l'ambassadeur chez monsieur le commandant. Brandt, enragé de ce retard, et fatigué de tant d'honneurs, crève d'un coup de talon de botte la caisse du tambour, arrache au caporal, qui tenait respectueusement la bride de son cheval, un bras qui heureusement était d'osier, enlève le consigne par sa bandoulière, le place derrière lui en porte-manteau, et se dispose à passer outre. Son cheval, écrasé par ce double fardeau,

tombe sur la place; le consigne roule à vingt pas; l'ambassadeur, que rien n'étonne, se relève et veut poursuivre sa route, à pied; la herse est baissée, et on est allé avertir monsieur le commandant. Brandt, qui a toujours un expédient prêt, saute dans le fossé, et croit le traverser à gué. Il enfonce dans la boue jusqu'aux aisselles, et ses blasphêmes ne le tirent pas de là. Il s'agite, il se démène, il enfonce davantage; il s'arrête pour éviter la suffocation. Monsieur le commandant paraît à la tête de son état-major, et demande ce qu'est devenu monsieur l'ambassadeur; on le lui montre du doigt, et vingt hommes de corvée sont commandés pour le tirer du cloaque où il s'est enseveli. En un instant les oisifs de Blekède, qui n'ont jamais vu d'ambassadeur dans la crotte jusqu'aux oreilles, garnissent le rempart; des madriers, des planches sont apportés sur le lieu. Un levier est passé entre les cuisses de Brandt ; le levier agit à droite, à gauche, de bas en haut, de haut en bas ; Brandt recommande au ciel les consolations de mademoiselle Crettle ; il oppose ses mains à l'action du levier, en faisant des grimaces épouvantables ; enfin l'instrument produit son effet : l'ambassadeur est enlevé, mais dans un état qui le rend méconnaissable. Ses bottines sont restées sous la fange, ses habits sont chargés d'une boue noire, et d'impitoyables sangsues lui dévorent les mains et le visage. Brandt se casse une dent, et se poche les yeux en écrasant ces ennemis d'une espèce nouvelle. A chaque coup de poing qu'il applique, le commandant se confond en excuses. On a manqué de fonds et de bras pour nétoyer le fossé, et on n'avait pas prévu que monsieur l'ambassadeur, pour se soustraire aux honneurs qu'on voulait lui rendre, choisirait cette route. Brandt, qui sentait ce qu'il perdrait dans la bonne opinion de mademoiselle Crettle, s'il paraissait devant elle avant de s'être débarbouillé, se laisse tranquillement mettre sur un brancard que précède un tambour, qu'accompagne l'état-major de la place, et que suit un détachement d'invalides. Le cortège arrive à une petite maison gothïque qu'on appelait *le gouvernement*. On fait passer monsieur l'ambassadeur dans la chambre à coucher de madame la commandante. Un espèce de maître Jacques le déshabille, le plonge dans une cuve d'eau qui avait déjà humecté les attraits de madame, le frotte, le refrotte, parvient enfin à la peau, et la rend à son état naturel. Monsieur le commandant a passé dans sa garderobe. Il porte sur son bras gauche sa chemise à dentelle et son uniforme des grands jours, sur lequel on distinguait encore quelques restes de galon; il tient de la main droite une perruque à boudins, et un feutre jadis bordé en or. On affuble

M. l'ambassadeur de ce costume imposant, et on le conduit en cérémonie dans la grande salle du gouvernement. Madame la commandante et mesdames de la haute noblesse y étaient assemblées. Elles font quatre pas au-devant de l'ambassadeur, et le saluent respectueusement. Brandt, tant bien que mal, leur rend la révérence, embrasse sans façon celles qui valaient la peine de l'être, et laisse les autres, qui ne conçoivent pas une haute idée de sa politesse. On offre à l'ambassadeur une tranche de jambon, de la bière forte et du genièvre; il accepte, et fait honneur à tout. M. le commandant, qui grille de savoir quelle espèce d'excellence il a le bonheur de posséder chez lui, hasarde quelques questions indirectes, auxquelles Brandt ne juge pas à propos de répondre, parce qu'il emploie mieux son temps, et madame la commandante observe, en minaudant, qu'il n'est pas civil de presser

M. l'ambassadeur de parler avant qu'il ait eu le temps de se remettre un peu. « Mais, mignonne, reprend » le commandant, je désirerais savoir où son excellence a laissé sa » suite ; je me ferais un plaisir et un » devoir de pourvoir à ses besoins. — » Dans la forêt de Winsen, où je me » suis égaré, répond Brandt », et il boit et mange de plus belle. Le très-curieux commandant avait la bouche ouverte, et une nouvelle interrogation allait s'échapper, lorsqu'un fifre et un tambourin se font entendre. Madame la commandante prend M. l'ambassadeur, qui se prête à tout, et une valse générale commence. La commandante est enchantée de la force et de la vivacité de son danseur. Déjà toutes les dames ont quitté le plancher ; Brandt et sa danseuse le fatiguent encore. Le blanc, le rouge et les mouches de la commandante coulent de ses joues sur son cou; son bonnet est dérangé, son fichu vole au gré de l'air, et laisse apercevoir des charmes de quarante ans, mais qui valent encore quelque chose. Brandt, que le lévier a stimulé, que la danse a échauffé, dévore des yeux les appas de sa danseuse. L'attention qu'il y porte ne lui permet pas de s'apercevoir qu'il a quitté, en valsant, sa route ordinaire. Il se jette avec la commandante contre une porte qui cède, et le couple sautant saute dans le fond de l'appartement. La violence du choc a fait tomber la clef; la porte, repoussée par le chambranle, revient sur elle-même, et la serrure, qui est saillante, se ferme. « Excellence, crie » le commandant, la clef est tombée » en-dedans, tâchez de la retrouver. » Ce n'était pas là du tout ce que cherchait Brandt. « Mignonne, poursuit » le commandant, cherche donc cette » clef. » Mignonne en avait trouvé une, mais ce n'était pas celle de la porte; Brandt, de son côté n'avait plus rien à trouver. « Je suis confus, » excellence, reprend le comman- » dant, du mouvement que vous vous » donnez. Allons donc, mignonne, » secondez monsieur l'ambassadeur. » Je la tiens, mon ami... je la tiens... » Oh! je la tiens.—Ouvrez donc cette » porte. — Oui... oui... oui...» et la porte s'ouvrit enfin à la grande satisfaction du commandant, qui renouvela ses excuses à monsieur l'ambassadeur, pendant que sa bénévole moitié jurait à l'oreille de deux ou trois de ses amies, que son excellence était un homme d'un mérite distingué.

On venait de servir un souper aussi somptueux que pouvait le donner un gentillâtre commandant d'une bicoque. La commandante, qui redoublait de politesse envers son excellence, et pour cause, lui présente la main, et le place à son côté. Son pied pressait doucement celui de l'ambassadeur, qui lui enfonçait amoureusement son genou dans le gros de la cuisse, pendant que le commandant faisait circuler un lapin de clapier en civet, et une poule d'eau rôtie. Jusques-là, Brandt avait fort bien joué l'ambassadeur. Il en avait la morgue, le ton réservé. Il avait enchanté la commandante, et le commandant n'avait aucun soupçon. « Parbleu, Ex» cellence, dit enfin ce dernier, que » quelques vidercomes sablés dans la » soirée rendaient familier et com» municatif, vous me direz enfin quel » potentat vous représentez. L'empe» reur, sans doute, reprend la com» mandante. Pas tout-à-fait, réplique » Brandt avec un sourire modeste; » c'est tout bonnement le duc de » Holstein. Prince très-distingué, » sans doute, poursuit la comman» dante. Oui; c'est comme qui dirait » le roi de Danemarck, ajoute le com» mandant. Précisément, reprend » l'ambassadeur. Je vois avec plaisir,

» mon cher ami, que vous connais-
» sez votre géographie.—Et où vous
» envoie sa majesté danoise? —Près
» l'électeur de Munster.—Mais il me
» semble que Münster est un évêché
» pur et simple.—Vous avez raison,
» mon cher, mais sa majesté danoise
» a signifié à la diète de Ratisbonne,
» qu'elle entendait que Munster fût
» érigé en électorat.—Diable! je ne
» savais pas cela. Oh ! vous ne savez
» pas tout, cher comte, interrompt
» la commandante. — Et oserais-je
» vous demander quel est l'objet de
» votre mission ? —Je vais marier la
» la fille de l'électeur avec le fils du
» roi de Danemarck. — Mais le fils
» de sa majesté danoise est marié.—
» Oui, son fils légitime; mais il s'a-
» git d'un bâtard qu'on veut placer
» honorablement. — Vous m'éton-
» nez, monsieur l'ambassadeur. L'é-
» vêque de Munster est un digne pré-
» lat, un homme de mœurs pures.
» —Oui, à présent qu'il a soixante-

» dix ans. — Il n'en a que quarante.
» — Il en a quatre-vingts par ses infirmités, et il n'a pas toujours été le modèle de son église. Il donne pour dot à une fille de contrebande les reliquaires de sa cathédrale. — Et la fabrique? — On s'en moque. » — Et les préjugés? — On les brave. » D'ailleurs le roi de Danemarck, mon maître, veut ramener le culte catholique à sa simplicité primitive. — Mais il est luthérien. — Il vient de faire abjuration. »

En écoutant les sornettes de Brandt, le commandant roulait des yeux étonnés, et hochait la tête. Il soupçonna enfin que le grand personnage qu'il avait accueilli, pouvait n'être qu'un impudent faquin. Il tournait et retournait son assiette; il roulait le coin de sa serviette; il se mordait le bout des doigts; il tomba enfin dans une profonde rêverie, dont il fut bientôt tiré par une nouvelle balourdise de monsieur l'ambassadeur. Il se leva de table, et sortit.

Brandt, enchanté de la manière dont il s'était énoncé, faisait l'aimable avec la commandante, qui souriait à ses sottises; il lui serrait des mains qu'on lui abandonnait; il dérobait quelques baisers qui mettaient la commandante en feu; il lui disait à demi voix des mots très-énergiques, très-clairs, qui étaient entendus d'un bout de la table à l'autre; Brandt, enfin, ne prévoyait pas l'orage qui allait fondre sur sa tête.

Le commandant, qui n'était pas défiant, mais qui ne pouvait guère se refuser à l'évidence, était allé inspecter l'équipage de l'ambassadeur, dont le caractère lui paraissait furieusement équivoque. Il trouve dans son écurie un cheval de brasseur, portant une selle à la hussarde, une chabraque de peau de mouton, des pistolets garnis en cuivre. La cuisinière finissait de décrotter les habits de son excellence, et le commandant distingue parfaitement un gros drap bleu, des agrémens en fil blanc, et un galon de maréchal-des-logis sur la manche. Il trouve dans une vieille saberdache trois ou quatre florins, et un paquet gauchement ployé, adressé au baron de Heidelberg, qu'il connaissait beaucoup. Tous ses doutes sont éclaircis, et son indignation est au comble. Il appelle le sergent de la garde d'honneur qu'il a donnée à son excellence, lui ordonne de faire rapprocher son détachement, et rentre à la tête de l'escouade dans sa salle à manger. « Que pensez-vous, dit-il, » mesdames et messieurs, d'un drôle » qui a reçu des honneurs dont il est » tout-à-fait indigne, qui a osé dan- » ser avec madame, et s'asseoir à » ma table? Je danse avec tout le » monde, répond Brandt, sans se » déconcerter, et madame convien-

» dra que je suis un formidable dan» seur. Je devais bien me douter, » disait la commandante entre ses » dents, que ce n'était qu'un rotu» rier : jamais grand seigneur ne se » présenta ainsi. Au reste, je n'ai » rien à me reprocher; je me suis » mésalliée sans le savoir. Qu'on le » mette au cachot, poursuit le com» mandant. Et quel est le brave qui » se flatte de m'y conduire, repart » Brandt d'une voix de tonnerre? Ce » sera moi, répond le sergent, aussi » valeureux que Brandt, mais beau» coup moins vigoureux. » A peine a-t-il prononcé ces mots, qu'un coup de poing sur l'oreille l'étend sur le plancher. « En joue, feu! s'écrie le » commandant. » Brandt enlève la table encore toute couverte, l'oppose en bouclier aux fusils qui menacent sa poitrine; il avance, il pousse, il renverse tout devant lui. Le champ de bataille est jonché des débris des mets, des plats, des bouteilles, et de la mâchoire du sergent; l'invincible Brandt n'a plus qu'un effort à faire, et il sort en vainqueur du gouvernement. Une vieille guenon ridée, retirée, desséchée, qu'il n'avait pas regardée de la soirée, passe au commandant un nœud coulant qu'elle venait de faire avec une serviette; celui-ci passe le nœud à la jambe du héros saxon, et tire de toutes ses forces; Brandt sent le piège, et d'une ruade il se défait de l'assaillant. « Tirez, tirez » donc, messieurs, s'écrient ensem» ble toutes les dames, » et les preux chevaliers de Blekède se réunissent, empoignent bravement la serviette, et tirent jusqu'à ce que Brandt, rugissant de fureur, tombe enfin à son tour. Deux hommes se jettent sur chacun de ses membres, et peuvent à peine les fixer : des mouvemens convulsifs enlevaient de terre les huit individus, qui retombaient étonnés de la force surnaturelle du vaincu. « Je le reconnais bien, » mâchonnait la commandante, en soupirant sur un avenir qui s'évanouissait. On apporte en hâte la chaîne du tournebroche, on dépouille l'infortuné Brandt du costume brillant qu'il a déshonoré, on le roule dans la nappe, on le lie fortement du menton à la plante des pieds, et cette momie vivante est ensevelie dans un cachot infect, creusé sous les remparts. On lui détache les mains ; on met à ses côtés ses habits mouillés, un pain noir, une cruche d'eau, et on se retire en lui annonçant qu'il sera pendu le lendemain à la garde montante.

On l'a souvent été à moins : récapitulons un peu. Imposture d'abord, puis profanation d'un habit qui ne peut être porté que par un comte ou un baron ; le vidercome souillé par des lèvres roturières ; rebellion contre la garde ; un coup de pied au commandant, lâché directement....

vous savez où ; la commandante.... la commandante... Oh ! mon Dieu, mon Dieu !... que de titres pour être pendu !

Bientôt Brandt s'est délié les jambes, et a endossé son uniforme. Il vient, il tourne, il tâtonne, point d'issue. Il lève la tête ; la lumière vacillante et pâle de la lune pénétrait à travers un soupirail percé dans le haut de la voûte ; mais cette voûte était à vingt pieds au moins du pavé ; aucun moyen d'évasion. « Allons, dit » Brandt, je vois bien que je serai » pendu, » et il laissa tomber sa tête sur sa poitrine. « Hé, sacrebleu, re- » prit-il après un moment de ré- » flexion, je suis bien bon de m'affec- » ter de cela : ce n'est l'affaire que » d'un moment, et un moment est » bientôt passé. » Il s'enveloppa dans sa nappe, se coucha sous le soupirail pour respirer plus à son aise, et s'endormit tranquillement.

Déjà Brandt ronflait, et faisait périodiquement résonner les voûtes de son cachot; tout-à-coup il est réveillé par un poids énorme qui lui roule sur l'estomac. Il jette un cri, porte les mains à sa poitrine, et sent le bas d'une échelle. « Ah ! vous voilà » déjà, dit-il à moitié endormi...... » Après tout, le plutôt est le meil- » leur, » et il monte l'échelle à reculons. « Que diable est ceci, re- » prend-il en se frottant les yeux? » Je suis encore dans mon cachot, » j'y suis seul, je touche au soupi- » rail; rêvai-je ou suis-je bien éveillé? » Vous ne rêvez pas lui répond une » voix inconnue. Prenez vos cordes, » vos chaînes; attachez un des bouts » à l'arbre que vous verrez sur le bord » du rempart, laissez-vous couler » dans le fossé, qui est tout-à-fait » comblé en cet endroit, et que le » ciel vous conduise! »

On peut se résigner, et sauter de bonne grace du haut d'une échelle sur rien; mais on revient facilement à l'amour de soi-même : l'espoir renaît dans le cœur de Brandt. Il descend, se munit des ustensiles nécessaires à sa fuite, suit les instructions qu'on lui a données, et se trouve bientôt hors de la jurisdiction de Blekède. Il marche deux heures encore, incertain de la route qu'il suit et de celle qu'il doit tenir; enfin il s'arrête sous un orme touffu, et s'y endort pour la seconde fois, en se promettant bien de ne plus faire l'ambassadeur, et bénissant intérieurement celui qui lui avait sauvé la vie.

C'était à madame la commandante qu'il en avait l'obligation : une femme sensible se décide difficilement à laisser pendre un homme pour qui elle a eu des bontés, et qui les a justifiées d'une manière éclatante. Le sergent, qui avait la mâchoire fracassée, était porté à l'hôpital; les convives avaient pris congé; l'ordre était rétabli au gouvernement. L'implacable et furieux commandant était retiré dans sa chambre; la tendre commande rêvait dans la sienne aux agrémens de la soirée. Tantôt la fierté combattait la nature, tantôt la nature imposait silence à la fierté. La nature prévalut à la fin. La commandante, en jupon court et en petites pantoufles, va éveiller son vieux domestique, dont elle a souvent éprouvé la discrétion; elle lui donne des ordres clairs et précis, et revient se mettre au lit, où nous la laisserons s'occuper du danger et du mérite de monsieur l'ambassadeur.

Brandt se réveille, mouillé, meurtri, froissé, et à demi-mort de froid. Il s'aperçoit enfin qu'il est sans bonnet, sans bottines; et qu'on a gardé à Blekède son cheval, ses armes, ses florins, et la galante épître adressée à M. Heidelberg. Il se lève, en jurant aussi fort que sa faiblesse le lui permet, et s'achemine en grolotant vers une maison d'assez mince apparence, qu'il découvre dans l'éloignement. Après une nuit aussi désastreuse, il avait besoin de se restaurer; pas une obole, pas même son sabre : ainsi pas de moyen de payer son écot, ni de mettre le village à contribution. Il fallut céder à sa mauvaise fortune, se décider à troquer son habit contre un plat de choucroûte, à poursuivre sa route en gilet et en pantalon. Il était persuadé d'ailleurs que mademoiselle Crettle tenait plus à sa personne qu'à ses habits, et que des avantages réels lui feraient bientôt oublier des agrémens inutiles.

Brandt pensant, parlant et marchant, approchait de la maison. A quelques pas de la route, était un paysan en sarrau de toile, en sabots, en bonnet de laine, et l'épée au côté. Il conduisait sa charrue, et traçait péniblement son sillon. Brandt s'avance, pour avoir quelques renseignemens sur la position du château de Heidelberg; quelle est sa surprise ! il reconnaît le Baron lui-même, qui cultivait son champ de ses nobles mains, et qui, sous ce rapport, était le plus estimable des gentilshommes saxons. « — Quoi ! c'est vous, monsieur le » Baron ! — Comment ! c'est toi, » mon ami Brandt ! mais tu es à-» peu près nu ! — J'ai voulu faire » l'aimable à Blekède, j'ai failli y » être pendu, et je suis trop heu-» reux de m'être échappé dans l'état » où vous voyez. — Conte-moi » cela, mon ami Brandt. — Oui, » quand j'aurai déjeûné ; » et le Baron de dételer ses bœufs, de hâter leur marche pesante, et de combler d'honnêtetés l'homme de confiance de monsieur de Felsheim, et la petite Crettle d'accourir, pressée de savoir ce qui ramenait sitôt le Baron laboureur, et Brandt de lui sauter au cou, et les uns et les autres également enchantés de se revoir. Pour la belle Heidelberg, elle apprit l'arrivée de Brandt avec la plus parfaite indifférence, et ne sortit point de sa mansarde.

« Une soupe au jambon, monsieur » le major, dit Crettle, en réunissant dans un sourire toutes les grâces de la Bavière? Toutes les soupes possibles, mademoiselle, répond le major; mais pressez-vous, » car je tombe de fatigue et d'inanition. »

Brandt, le dos au feu et le ventre à table, n'eut pas plutôt vidé une gamelle dans laquelle la cuiller se tenait debout, qu'il but deux ou trois coups, s'essuya la moustache, et commença le récit de sa dernière aventure avec l'ordre et l'énergie qu'on lui connaît. Crettle, appuyée sur le dos de sa chaise, la tête en avant et la bouche ouverte, ne perdait pas un mot; aussi le conteur glissa-t-il sur l'incident de la commandante, et pour cause. Il en était à sa sortie miraculeuse du cachot, et il allait instruire enfin M. Heidelberg du motif de son voyage. Assis en face de la porte, l'œil fixé sur la campagne, il cherchait la tournure la plus honnête possible à donner à la proposition qu'il devait faire..... « Sacré mille mors, s'écrie-t-il tout-à-coup, voilà mon cheval. » Il saute sur une vieille canardière accrochée à la cheminée, il s'élance hors de la maison, ajuste l'homme qui a osé enfourcher sa monture, et lâche la détente : l'arme rate; elle n'était pas chargée. « Prenez donc garde à ce » que vous faites, dit le cavalier, en » qui Brandt reconnaît le vieux do- » mestique du commandant. Je vous » ai tiré du cachot, et vous voulez » me fusiller? — Comment, mon » ami, c'est à toi que je dois tout? » —Oui, et je n'ai fait qu'exécuter » les ordres de madame. — Diable, » elle a pensé à moi ! Je n'oublierai

» point ce service, et si jamais je la » rencontre, je lui en marquerai ma » reconnaissance. » Et Brandt, qui savait allier les qualités les plus opposées, soulevait le vieillard de dessus la selle, le pressait dans ses bras, en mouillant son visage de ses larmes, le portait dans la maison, plaçait devant lui les restes de son déjeûner, l'engageait à manger, lui souriait, l'embrassait, et lui versait à boire.

Le vieux laquais remit à monsieur Heidelberg le paquet du baron de Felsheim, les armes de Brandt, et une lettre de son maître, qui disait succintement à son ami, qu'il présumait que l'ambassadeur prétendu était de sa connaissance, et que, par considération pour lui, il voulait bien ne pas faire de recherches. « Je crois, dit Brandt indigné, que » ce faquin s'imagine me faire grace! » l'impertinent!... Du papier, made-

» moiselle Crettle ; je vais lui écrire,
» et de la bonne encre.

» *Commandant malencontreux*,

« Vous m'avez manqué, et je veux
» en avoir raison. Si vous n'êtes un
» blanc-bec et un lâche, vous vous
» trouverez demain matin sur vos
» glacis, avec toute votre garnison.
» Je vous attendrai le sabre à la main,
» je vous combattrai l'un après l'au-
» tre, et si je ne vous échine pas
» tous, je me pendrai moi-même
» aux crénaux de votre bicoque.

» Je suis avec respect et affection,
» votre ennemi, BRANDT. »

Crettle lisait par-dessus l'épaule du major. Elle fit un signe au domestique, qui reçut le billet, bien décidé à ne pas le rendre à son adresse, et qui s'en servit pour allumer sa pipe en sortant de chez M. Heidelberg. Celui-ci, pendant que Brand écrivait, lisait la missive du baron de Felsheim, et réfléchissait sur le contenu. « Mon ami, dit-il à » Brandt, d'un ton sentimental, je » suis sensible à l'honneur que veut » me faire monsieur le baron de » Felsheim..... — Et les avantages » qu'il vous propose? Votre château » réparé, quatre sangliers, et trois » muids de vin du Rhin, par an; » c'est beau, cela! — C'est sédui- » sant, je le sens bien. — Vous ac- » ceptez donc? — J'en suis assez » tenté; mais ma fille...—Elle pren- » dra son parti. — Elle ne possède » que son cœur; je ne veux pas le » désoler. Je raisonne quand je ne » suis pas ivre, et vous êtes vous- » même trop raisonnable en ce mo- » ment pour n'être pas de mon avis. » — Mais pensez donc, beau-père, » que ce mariage n'est qu'une for- » malité pour lui assurer une for- » tune; qu'elle ne l'attendra pas long- » tems, et qu'alors elle fera de son » petit cœur tout ce que bon lui sem-

» blera. Je crois que je raisonne aussi.
» — Je doute que cela la persuade.
» — Il faut voir cela, papa Baron.
» Allez, parlez, pressez, détermi-
» nez. » M. Heidelberg ne pouvait se refuser aux instances de Brandt. Il monta chez sa fille, persuadé d'avance de l'inutilité de sa démarche, et il laissa Crettle et son major général enchantés de se revoir, et très-disposés à profiter du tête-à-tête. Comme il ne s'y passa rien que de très-simple et de très-naturel, il est assez inutile d'en rapporter les détails. Occupons-nous de la belle Heidelberg.

Elle avait perdu sa mère de bonne heure, et le plus heureux naturel avait suppléé au défaut d'éducation. Elle avait acquis d'elle-même plusieurs talens aimables; des livres choisis avaient développé son esprit et formé son goût; le cœur le plus aimant imprimait sur des traits délicats une teinte de sensibilité qui les rendait plus séduisans. Bonne par caractère, vertueuse par goût, sachant beaucoup, n'affectant rien, elle attirait tous les hommages, et n'en était pas plus vaine. Son père, livré à ses travaux et aux plaisirs de la table, fut tout étonné d'entendre dire un jour qu'il avait une fille accomplie. Il recevait d'un air stupéfait les félicitations qu'on lui adressait, et répondait naïvement que tout cela pouvait bien être, mais qu'il n'y concevait rien.

Le triste état de sa fortune ne lui permettait pas de voir le monde : cependant certains jours de fête, il conduisait sa fille à Blekède, et ils étaient recherchés partout. Le mérite de l'une faisait supporter la médiocrité de l'autre.

Le jeune Werner était sorti des pages du roi de Prusse, avec une commission de lieutenant dans les cuirassiers. Pas d'autre bien que son emploi; mais une figure enchanteresse, une modestie touchante, une moralité sévère, le désir de s'instruire et de percer, tout ce qui pouvait intéresser mademoiselle Heidelberg, Werner le possédait.

Il passait son quartier d'hiver à Blekède, et faisait le bonheur d'une mère qu'il aidait de ses épargnes. Mademoiselle Heidelberg et lui se rencontrèrent; ils sentirent ce qu'ils valaient; ils s'aimèrent, ils se le dirent, et l'amour, qui n'est souvent qu'un vice de plus, devint en eux une vertu nouvelle.

Ce couple intéressant attendait pour s'unir que Werner obtînt la compagnie. L'époque était encore éloignée, mais ils s'écrivaient tous les jours, ils se voyaient quelquefois, et ils supportaient le présent en vivant dans l'avenir.

C'est dans ces entrefaites que le baron de Felsheim proposait sa main à mademoiselle Heidelberg. Il n'est pas difficile de prévoir comment cette offre fut reçue. Elle répondit à son père d'un ton respectueux, mais avec une fermeté qui ne lui laissa aucun espoir. Brandt, qui ne doutait jamais de lui-même, demanda la permission de la voir : mademoiselle Heidelberg ne redoutait pas les effets de son éloquence, mais elle sentait un éloignement prononcé pour tout ce qui tenait au baron de Felsheim, et son envoyé ne fut point admis. Elle s'enferma chez elle, et écrivit à son cher Werner. Sa lettre commença, comme toutes les autres, par ce tendre abandon, par ces expressions touchantes, ces mots si doux et si heureux que l'esprit prodigue froidement, et dont un cœur brûlant sait tirer tant d'avantages. A mesure qu'elle écrivait, elle sentait une forte envie d'instruire Werner de l'espèce de sacrifice qu'elle lui faisait, sacrifice qui ne lui coûtait rien sans doute, un mont d'or à ses yeux ne valait pas un sentiment ; mais il n'est pas d'amour absolument désintéressé, il n'est pas en amour de chose absolument indifférente, et on n'est pas fâché de se faire, aux yeux de l'objet aimé, un mérite de la plus simple bagatelle. Elle termina donc ainsi son épître, en *post-scriptum*, et comme par distraction :

« Un homme qui n'est pas fait » pour plaire, demande ma main ; » il n'y a pas de mérite à la lui refu- » ser. Il met sa fortune à mes pieds ; » je suis déjà immensément riche. » Mettez la main sur votre cœur : » c'est là mon trésor, mon espoir, » ma vie. »

Un jardinier qui portait tous les jours des fruits à Blekède, était le dépositaire des sentimens de la belle Sophie et de l'intéressant Werner. Il reçut le paquet de la jolie main qui venait de le fermer : un sourire en paya le port.

Brandt ne concevait pas qu'on pût refuser l'alliance d'un baron de Felsheim, surtout lorsqu'il avait daigné se charger de la négociation. Accoutumé à trouver ses derniers argumens au bout de son sabre, il frémissait de colère, en pensant que, dans cette circonstance, il ne pouvait décemment le tirer du fourreau. Il se promenait autour de la mare en mordant sa pipe et en sacrant entre ses dents. Les représentations de M. Heidelberg ne furent pas écoutées ; les caresses même de Crettle ne produisirent d'abord aucun effet ; mais quelques tapes sur la joue, un pinçon à la cuisse, deux ou trois petites mines et autant de baisers, le ramenèrent enfin à des sentimens doux, et il consentit à prendre sa part d'un assez mauvais dîner. « Refuser un baron » de Felsheim, répétait-il à chaque » coup de dent ne vouloir pas rele-

» ver la race du fameux Witikind ! » Et Crettle versait à boire, et le vidercome se vidait, et Crettle de le remplir, et ces messieurs de se le passer ; ils se le passèrent tant et tant, qu'ils laissèrent insensiblement leur raison au fond du verre. Ils s'énivrèrent complètement, le hussard en jurant, et le baron en faisant, tant bien que mal, les honneurs de chez lui. L'un fut porté dans son lit, l'autre s'endormit sur le cul du four.

Déjà Phébus aux crins dorés s'était caché dans l'onde ; Phébé avait parcouru la moitié de sa carrière ; tout reposait dans la nature, hors les chouettes, les voleurs et les amans ; il était minuit enfin lorsque Brandt se réveilla : heure sinistre, où les esprits infernaux exercent leur empire et répandent sur nous leurs vapeurs empoisonnées, à ce qu'assurent les prêtres, les vieilles femmes et les sots. Les fumées du vin étaient dissipées, sa tête était à lui toute entière. Il se mit sur son séant, et rumina pendant une heure la plus étonnante conception qui ait jamais illustré un cerveau saxon. Il se lève, ranime une lampe qui brûlait sous le manteau de la cheminée, et, l'œil hagard, la moustache hérissée, la démarche incertaine, il s'avance lentement vers le galetas de mademoiselle Crettle : on se doute bien que la porte n'en était pas fermée. Il entre, il s'assied sur le grabat, approche sa lampe, contemple avec avidité les charmes bavarois, que la rigueur de mademoiselle Heidelberg lui ravissait peut-être sans retour, il soupire et dit : « Si j'y renonce jamais, que le diable m'emporte. » Cette exclamation, poussée d'une voix rauque, le mouvement qui l'accompagna et qui rompit un des pieds vermoulus de la couchette, réveillèrent Crettle, qui peut-être ne dormait pas, et qui entraîna Brandt dans sa chûte. Il se relève pour retomber encore; mais il se relève en vainqueur, et retombe en héros. « Et tu m'abandonnerais en faveur » de ta maîtresse, dit-il enfin à Crettle » émerveillée! Non, suis-moi au » château de Felsheim, je t'y crée » un emploi distingué, et tu régneras » despotiquement sur mon maître et » sur moi. Je ne me lasse pas de vous » admirer, répondit Crettle d'une » voix entrecoupée; mais j'ai été » élevée avec mademoiselle Heidel- » berg; elle me comble de bontés, » que je ne mérite pas trop, et je ne » sacrifierai point à l'amour l'amitié » et la reconnaissance : plus de Brandt » pour moi, si mademoiselle n'est » baronne. Le sort en est jeté, re- » prit-il en fronçant son sourcil épais, » ta maîtresse est une victime que » j'immole à nos amours. » Il saisit la lampe, il redescend mystérieusement à la cuisine : Crettle le suit en tremblant, et ne doute pas qu'il ne roule dans sa tête quelqu'épouvanta-

ble projet. « Je peux, dit-il, enlever
» d'autorité mademoiselle Heidel-
» berg, la conduire en croupe au
» château, l'enfermer au colombier,
» et l'y tenir jusqu'à ce qu'il lui plaise
» d'épouser le Baron; mais j'ai été
» reçu ici en allié, je connais les
» droits de l'hospitalité, et je ne
» veux employer que des moyens
» honnêtes. » Il place deux bottes
de paille au milieu de la cuisine, il
les charge de bourrées éparses destinées à chauffer le four, et il y met
le feu. « Grand Dieu!... grand Dieu!
» s'écrie Grettle, vous allez brûler la
» maison. — Je le sais bien. —
» Vous allez ruiner ma maîtresse. —
» Je vais l'enrichir. Dans un instant,
» plus de maison, plus de bestiaux,
» plus d'instrumens de culture. La
» misère, le désespoir, son attachement pour son père, la jeteront
» dans nos bras, et au bout de vingt-quatre heures je la mets à la tête
» de six mille florins de revenu :

» voilà comme je sers ceux à qui je » m'intéresse. » Il y avait bien des choses à répondre à cela ; Crettle allait répliquer : Brandt, que la contradiction irrite, lui impose silence d'un coup-d'œil, et souffle tranquillement le feu. Au moment où l'incendie allait éclater, et se communiquait à la grange et à l'écurie, il sort son cheval et l'attache à cent pas ; il met Crettle sur un vieux chariot de Hongrie, et le pousse au milieu de la mare ; il passe à travers les flammes, monte aux mansardes, enveloppe dans une couverture le père et la fille, à demi suffoqués, les charge sur son épaule, traverse une seconde fois le feu, dont l'activité commençait à être effrayante ; il se grille les jambes, les sourcils, les cheveux et la moustache, mais il dépose son fardeau à côté de la petite Crettle.

Sophie et son père étaient à peine

revenus à eux, que la maison, déjà démantelée, tomba avec un bruit effroyable. Les flammes se firent jour à travers le toit de l'écurie : il ne restait plus rien en effet à l'infortuné baron, que sa noblesse et quelques arpens qu'il ne pouvait plus faire valoir. Il pleurait, il se désolait, et sa fille, oubliant son propre malheur, le consolait, l'embrassait, remerciait affectueusement Brandt d'avoir sauvé la vie à son père, revenait à celui-ci, lui promettait de lui consacrer ses jours et de le soutenir par son travail. Brandt, étonné, interdit, sentit une larme mouiller sa paupière ; il se repentit un instant ; mais ses yeux rencontrèrent ceux de Crettle, et il se remit. C'est ainsi que les passions corrompent, dénaturent les cœurs les plus sensibles ; c'est ainsi qu'elles embrâsèrent Troie, Sodome, et peut-être bien d'autres villes dont je vous parlerais, s'il n'avait plu à un lieutenant d'Omar de brûler la bibliothèque d'Alexandrie.

Le jour commençait à poindre; Brandt, respectueux en dépit de lui-même, avait à peine osé adresser quelques mots à mademoiselle Heidelberg. Cette fil e charmante, affaissée sous le poids de la douleur, avait courbé sa tête sur les genoux de son père ; elle avait cédé à la force de la nature, le sommeil l'avait surprise ; et son père la regardant avec l'expression de la plus inquiète tendresse, retenait son haleine, et craignait, en la réveillant, de la rendre au sentiment de son malheur. Brandt, qui ne respectait rien, respectait son sommeil ; il se tenait à l'écart, il ne se sentait pas digne de l'approcher : c'est le repos de l'Innocence que la Vertu couvre de son égide. Un jeune homme, que son désordre rendait plus intéressant encore, Werner, couvert de poussière, mouillé de sueur, vient compléter cette scèn d'infortunes. Il a reçu la lettre, il a lu le fatal *post-scriptum* ; il ne s'est pas donné le temps de seller un cheval, il a couru, il a volé sur les aîles de l'Amour. Il arrive, il entre dans la cour; il ne trouve que les cendres du modeste asile de la beauté. Un chariot fixe son attention; il s'approche... La plus digne, la plus aimable des femmes dormait, à demi-nue... Il s'écrie, il maudit la fortune, qui a détruit en un instant ses plus chères espérances. Brandt entend ces reproches retentir au fond de son cœur; il n'ose lever les yeux, il s'accuse tout bas; il s'abaisse, il se courbe sous les malédictions de Werner. C'est un coupable qui voudrait échapper au remords, et que le remords poursuit, poigne, déchire.

La voix de Werner, cette voix qui va d'abord à l'ame, tire son amante d'un pénible assoupissement. Elle se tourne vers lui, le regarde douloureusement, lui tend la main, presse la sienne et ne la quitte plus. Hélas! c'est la première fois que cette main a pressé celle d'un amant si justement adoré. Werner, électrisé, transporté, ravi, se livre aveuglément au charme qui l'entraîne; le voile de l'illusion lui dérobe son infortune : le temps s'écoule, et Werner, appuyé contre le charriot, tient encore cette main, qu'il ose couvrir de baisers, et qu'on ne pense plus à retirer. M. Heidelberg attendri, tenait l'autre main de sa fille, et la serrait contre son cœur : on ne se disait pas un mot, et cependant on s'entendait.

Il était grand jour, et rien n'était décidé encore. Brandt, timide, embarrassé, s'approche et balbutie d'abord des mots à-peu-près inintelligibles. « Vous ne pouvez rester ici » plus long temps, dit il enfin de ma» nière à être entendu : je vais vous » conduire au château de Felsheim. » A ce nom, mademoiselle Heidelberg détourna la tête avec l'expression de la

plus amère douleur. « Je sais mainte-
» nant, reprit Werner, quel est l'hom-
» me qui vous demande. Il est riche ;
» je ne puis rien : vous n'avez point
» à balancer. »

Sa douce amie se tourne vers lui, enlace ses bras dans les siens, couvre son visage de ses larmes.... « Je vous
» entends, poursuit Werner. Mon
» cœur se brise comme le vôtre ; mais
» je vous aime pour vous, et jamais
» je ne vous écarterai de la route du
» devoir. La plus affreuse misère me-
» nace votre père : ce n'est pas de
» moi, c'est de lui qu'il faut vous oc-
» cuper. Les arts d'agrément ne sont
» pas une ressource dans la Basse-
» Saxe, et vous ne vous imposerez pas
» une privation, que je ne me la re-
» proche ; allez, faites le bonheur
» d'un autre : c'est en vous évitant que
» je vous prouverai mon amour et
» mon respect. Le mariage est le lien
» le plus sacré de la société, et le ma-
» riage le moins assorti est respec-

» table pour tout homme qui n'a pas » l'habitude du vice. » Les forces de Werner étaient à bout, il allait faiblir; il le sentit: il s'arracha des bras de son amante, et s'éloigna rapidement.

Le cheval de Brandt était attelé au chariot; un vigoureux coup de fouet tire de la mare le modeste équipage. Mademoiselle Heidelberg étend les bras vers le berceau de son enfance, dont il ne restait plus que le souvenir, elle retombe sur les rênes, elle tire avec violence, la voiture s'arrête. « Tu veux donc, lui dit son père » avec un profond soupir, tu veux » donc m'abandonner aux rigueurs de » mon sort! Marchez, dit-elle à » Brandt, marchez : ç'en est fait, je » m'immole. Oh! mon père, vous ne » savez pas ce qu'il m'en coûte! vous » ne le saurez jamais... » Et elle se laissa aller sur ses genoux Brandt pressait le cheval; il sentait la nécessité d'éloigner mademoiselle Heidelberg de mille objets qui pouvaient affaiblir son courage et influer sur sa résolution. De temps en temps il se tournait vers elle, et tel est l'ascendant de la vertu, que cette généreuse fille lui imprima une vénération, un respect qui ne se démentirent jamais.

On arrive à la vue de Blekède. Il était difficile de ne pas traverser la ville, et Brandt ne voulait pas exposer mademoiselle Heidelberg aux regards malins du public. Il pensait d'ailleurs à son rendez-vous avec le commandant; il arrêta sur le glacis. Il mit pied à terre, s'avança, le nez au vent, et ne vit personne. « Que » cherchez-vous, monsieur Brandt, » lui demanda sa petite Crettle? — » Le faquin que je dois sabrer, et » qui n'ose sortir de la place. — Mon» sieur Brandt, si je ne craignais votre » colère, je vous ferais un aveu. — » Faites, mademoiselle, le moindre » de vos aveux sera toujours une fa» veur. — Votre billet n'a pas été re» mis. — Comment, sacrebleu! —

» Vos jours nous sont trop chers.....
» Et l'honneur l'est bien davantage,
» reprend Brandt en s'élançant vers
» les murs de la ville. — Monsieur
» Brandt, monsieur Brandt, vous
» abandonnez ma maîtresse dans l'é-
» tat où elle est, et vous seul pouvez
» lui rendre service. — Je reviens,
» mademoiselle, je reviens, et je ne
» la quitte plus. Je joindrai mon hom-
» me un autre jour. » Il allait remonter à cheval, lorsqu'un inconnu se présenta à l'avant de la voiture; il portait un assez gros paquet : on se doute bien de quelle part. L'amour pense à tout, prévoit tout; il s'enrichit de ses sacrifices. Werner avait épuisé ses faibles moyens pour fournir aux plus pressans besoins : c'était une robe simple, mais agréable; c'était du linge un peu frotté, mais d'une blancheur éblouissante; un habit complet pour le baron, quelques bouteilles de Malaga, des viandes froides, deux pièces d'or dans un petit sac de peau, au

fond duquel était un billet qui ne contenait que ces mots : « Voilà tout » ce que j'ai pu faire. » Mademoiselle Heidelberg porta le billet à ses lèvres, et le serra dans son sein. Qu'il était précieux ce billet ! Les lettres qui l'avaient précédé étaient devenues la proie des flammes.

Crettle monta dans le chariot, aida sa maîtresse à s'habiller ; la robe lui allait à merveille : l'amour en avait pris la mesure. « Oh ! dit mademoi- » selle Heidelberg, je la conserverai » toute ma vie. »

Crettle lui présenta un verre de vin et un blanc de volaille. « Je n'ai be- » soin de rien, répondit-elle. — Mais » vous ne pensez pas que c'est au » nom de monsieur Werner que je » vous offre cela. — Donne, donne... » Pauvre Werner ! tu veux que je » vive...... J'obéirai, je supporterai » mon sort. » Et elle prit quelques alimens.

On entra à Elekède. La sensible Sophie entr'ouvrit les rideaux de la voiture; elle cherchait à toutes les croisées; une jalousie lui déroba Werner, qui voulut la voir passer, et qui s'écria d'une voix étouffée : « Adieu » pour jamais. »

Brandt était agité de sentimens bien opposés ; il ne pensait qu'à l'affront qu'il avait essuyé dans cette ville. La main sur la garde de son sabre, ses pistolets à découvert, il entonna â tue-tête ce couplet d'une vieille romance saxonne, sur l'air : *Je me brûle l'œil au fond d'un puits.* C'est Roland qui parle, à la bataille de Roncevaux :

Elevé dans les camps
Et nourri par la gloire,
J'ai, dès mes jeunes ans,
Enchaîné la victoire.
Je vous attends, preux chevaliers,
Lance en arrêt, visière basse;
Paraissez, ce bras vous terrasse,
Et cueille de nouveaux lauriers.

On ne fait pas d'excellens vers en

Saxe, et le plus faible original perd encore à être traduit. Voilà pourquoi ce couplet ne plaira pas généralement. Au reste, on peut engager le poète Fardeau à le refaire.

Monsieur le major, en chantant, regardait fixement mademoiselle Crettle, et semblait lui dire : c'est mon commandant que je défie. On m'entend de tous les coins de la ville, et ce drôle-là fait le sourd. Crettle avait l'air de lui répondre : qui oserait se frotter à vous? la peste, il y ferait bon! Et la voiture sortit de Blekède sans que Brandt, qui aimait les aventures, pût se procurer le moindre accident.

Il y avait une heure au moins qu'on avait perdu la vue des clochers, et Sophie les cherchait encore à travers un petit carreau de verre qui était dans le fond de la voiture; le baron, qui aimait beaucoup le Malaga, et qui ne l'avait point ménagé, faisait le sieste ; Crettle continuait la romance de Brandt, et celui ci marquait la mesure par le claquement de son fouet (car on ne trouve pas partout des timbales pour assourdir son auditoire), lorsque l'équipage entra dans la forêt de Winsen.

La belle chose qu'une forêt pour un faiseur de romans ! Comme il s'y trouve à son aise, lorsqu'il y tient une femme intéressante ! comme les incidens se multiplient sous sa plume féconde ! Les vents sifflent, les chênes se déracinent, sont portés au loin, et entraînent tout sur leur passage. La pluie tombe à grands flots ; les torrens se forment, grossissent, soulèvent l'héroïne, la roulent au fond d'un précipice, et elle ne se casse pas la tête, parce qu'on a besoin d'elle pour le dénouement. Elle reste suspendue à une roche, et son désordre et sa pâleur la rendent plus touchante encore. Passe un grand coquin qui s'amourache de la belle, qui la charge sur son dos, et qui l'emporte dans sa caverne. On sent bien que l'héroïne est la vertu personnifiée, et qu'elle accable d'imprécations le brigand qui veut la violer. On sent bien qu'au moment où le crime va se consommer, l'amant aimé arrive tout à propos pour faire sauter le crâne au téméraire. On devine encore que le bruit de l'arme à feu attire les complices du défunt, qui saisissent l'homicide, et qui l'enferment dans une arrière-caverne, pendant qu'ils vont prononcer sur son sort. La belle se désole au bruit que font d'énormes portes de chênes, qui roulent avec effort sur leurs gonds rouillés. Elle voit les couleuvres, qui tombent de la voûte tout exprès pour envelopper les membres glacés de son amant, elle voit des crapauds qui sautent sur ses jambes, des colimaçons qui lui engluent le visage, et tout cela lui fournit le sujet d'un magnifique monologue. De son côté, l'amant, qui tremble pour la pudicité de sa dame, et qui ne peut survivre à son déshonneur, se frappe doucement la tête contre la porte de sa prison ; il se la casserait volontiers, mais il se doit encore à celle qui a reçu sa foi. Cependant il est sur le point d'être écorché vif, et la dame de ses pensées va le coiffer vingt ou trente fois de suite bien involontairement, et avec les intentions les plus pures, lorsqu'un bruit extraordinaire se fait entendre. Autrefois c'était la maréchaussée qui faisait ce bruit-là ; aujourd'hui c'est le diable qui attend ce dernier crime, et qui le prévient, non pour obliger, comme on le pense bien, mais parce qu'il est impatient de saisir sa proie. Les brigands sont enlevés, et passent par les trous des serrures sans s'en apercevoir, ce qui produit un dénouement imprévu, surprenant, et surtout très-vraisemblable. Et la presse gémit, et cette admirable production se multiplie, et les petites-maîtresses qui la lisent ont des attaques de nerfs, et les dramaturges retournent le sujet en tous les sens. Ici on le voit en pantomime; plus loin on en a fait une tragédie en prose; et les journalistes, qui n'ont que des yeux, se récrient sur la fraîcheur des décorations, pour gagner leurs entrées, et disent du mal de l'ouvrage, de peur de se tromper; et on se porte là, comme on courait autrefois voir rompre en place de Grève; et certains hommes sont obligés, dans les entr'actes, de se corroborer d'un doigt de riquiqui, et certaines femmes se hâtent de sortir pour ne point faire de fausses couches dans la salle; et le ministère public laisse aller tout cela.

Pour nous, qui n'aimons à tourmenter personne, et moins encore nos lecteurs, nous leur ferons grâce de ces scènes terrifiantes. Sortons de la forêt de Winsen comme nous y sommes entrés. Jouissons des agrémens d'une belle soirée ; écoutons le chant rustique du bûcheron qui revient gaîment, sa bourrée sur le dos et sa cognée à la main ; sourions à sa femme et à ses enfans, qui l'attendent sur le seuil de la porte, qui le devinent à travers la feuillée, qui courent au-devant de lui, qui le débarrassent de son fardeau, et qui le baisent tour-à-tour. Suivons-les sous leur toit champêtre. Le bon père s'assied dans son grand fauteuil nouvellement rempaillé, son fils aîné lui tire ses guêtres ; sa jeune fille, montée sur les barres du fauteuil, essuie la sueur de son front ; sa femme met sur la table un potage, autour duquel se range l'heureuse famille. Le repas est frugal ; mais il est assaisonné par l'amour et la gaîté. Les enfans se retirent dans un coin, et s'endorment sur la paille fraîche. La mère, d'un air timide, s'approche à son tour; c'est à elle que Frantz a réservé ses plus douces caresses ; il lui doit le bonheur d'être père. Il l'attire vers son humble couchette, la lampe s'éteint, et la chasteté conjugale a tiré le rideau.

Il est temps de revenir au baron de Felsheim, que nous oublions depuis long-temps, sans égard pour son rang et ses éminentes qualités. Pendant l'absence de Brandt il avait vécu sobrement, parce que sa cuisinière, qui tournait dextrement une casserole, ne remuait pas aussi aisément un baron, lorsqu'il s'était mis hors d'état de s'aider un peu. Pour les gardes-du-corps, ils n'étaient propres qu'à disloquer tout-à-fait des membres déjà ruinés, et, bon gré, mal gré, il fallut boire modérément pendant quarante heures. Il espérait se dédommager amplement de cette longue abstinence avec son fidèle major, et le major n'arrivait pas. Le généralissime se faisait rouler de sa chambre au perron, du perron à sa tour; il regardait, il prêtait l'oreille; plusieurs chevaux se faisaient successivement entendre; le baron écoutait de nouveau, il souriait, et le cheval emportait, en passant, ses espérances et sa gaîté. L'après-midi se passa ainsi, la nuit vint, et le baron, fatigué de tempêter, de jurer, de fumer, tourmenté d'une soif de tous les diables, invoqua sa dame-jeanne, et l'accola avec sa tendresse accoutumée. Les accolades se succédaient avec rapidité, lorsqu'il entendit distinctement son pont-levis trembler sous les roues d'une voiture. Il n'attendait pas de voiture, et continua de fêter sa dame-jeanne.

Un page l'interrompit dans ses plus importantes fonctions, en annonçant monsieur le major, qui introduisait monsieur et mademoiselle

Heidelberg. Le baron découvrit sa tête chauve, salua de l'air le plus gracieux qu'il put prendre, et, sa bouteille à la main, il adressa à mademoiselle Heidelberg un compliment saxon où elle ne comprit pas grand'chose, mais auquel elle répondit avec sa politesse et ses grâces ordinaires.

On s'assit, et on se regarda assez long-temps sans parler, comme cela arrive toujours quand on se connaît peu, qu'on ne s'aime guère, qu'on est embarrassé d'un côté et mécontent de l'autre. Mademoiselle Heidelberg rêvait, les yeux baissés, et regardait quelquefois à la dérobée le baron, dont l'âge, les infirmités et la gaucherie, contrastaient d'une manière choquante avec les qualités aimables de Werner. Elle comparaît le triste sort qui lui était réservé à l'avenir séduisant qui avait brillé un moment à ses yeux, et qui s'évanouissait sans retour. Son cœur se serra, une larme mouilla sa paupière ; elle regarda son père, se remit, et on ne s'aperçut de rien.

Le Baron écoutait attentivement le récit de M. Heidelberg, qui lui racontait d'une manière très-prolixe comment le feu avait pris chez lui par la cheminée du four, qu'il avait négligé de faire balayer ; Crettle, qui partageait l'état pénible de sa maîtresse, lui faisait des contes à l'oreille, en ayant l'air de réparer le désordre de la route ; Brandt courait le village, remuait, achetait ou prenait tout ce qu'il croyait devoir contribuer à la commodité ou à l'agrément de mademoiselle Heidelberg. Grâce à son zèle infatigable, des lits et un souper passables furent prêts avant minuit. Il avait tout prévu, jusqu'à la moindre bagatelle ; et lorsque mademoiselle Heidelberg, derrière laquelle il se tenait debout, laissait échapper quelque marque de satisfaction, il regardait le baron en riant aux éclats, et en se frottant les mains. Celui-ci considérait l'aimable fille avec de gros yeux qui ne disaient rien du tout; le beau-père soupait dans toute l'acception du mot; Crettle dormait au coin du feu, et le soigneux Brandt versait à boire à tout le monde, hors à son maître, qui s'aperçut enfin qu'il n'avait devant lui que chopine. Il fronça le sourcil, retroussa sa moustache, et alongea vers Brandt le bras qui lui restait, armé d'un vidercome de pinte. « Vous » n'avez pas plus d'esprit qu'il n'en » faut quand vous êtes à jeûn, lui dit » Brandt à demi-voix, tâchez de con- » server ce qui vous en reste » ; et le baron de le regarder d'un air étonné. « Allons, poursuit Brandt, évertuez- » vous; le mot pour rire, la petite » gaillardise : vous voilà immobile » et froid comme une pièce de qua- » rante-huit qui n'a tiré de six semai- » nes. » Le baron, stimulé par cette harangue grivoise, adressa à sa char-

mante voisine de ces choses platement lourdes, de ces lieux-communs usés, qui ne signifient rien du tout, sinon qu'on est incapable de rien dire de supportable, et mademoiselle Heidelberg répondait par monosyllabes, en s'efforçant d'étouffer quelques soupirs que lui arrachait, en dépit d'elle, l'ineptie d'un homme qu'elle eût voulu estimer. « Puisqu'on ne boit plus, dit le ba-
» ron, ce qu'on peut faire de mieux...
» C'est de se retirer, interrompit
» mademoiselle Heidelberg. » Tout le monde en avait bonne envie, et par des motifs bien différens. Le baron espérait finir son souper au lit; M. Heidelberg n'avait besoin que de repos; sa fille désirait être seule avec Crettle : on trouve une sorte de soulagement à parler de ses peines; Crettle et Brandt avaient aussi leurs raisons. Celui-ci avait disposé les lits en conséquence; mais sur une simple invitation de mademoiselle Heidel-

berg, il déplaça celui qu'il avait destiné à Crettle, sans résistance, sans murmures; il trouva même quelque satisfaction à lui sacrifier ses plaisirs.

Brandt fut donc se coucher tout bonnement à côté de son maître. Il le trouva buvant sur nouveaux frais, et commença la plus vigoureuse mercuriale. « Je crois, dit le baron en » le regardant de travers, que tu veux » me mettre en curatelle. — Vous en » auriez grand besoin, n'êtes-vous » pas honteux de penser à vous éni- » vrer quand vous avez chez vous » mademoiselle Heidelberg? Savez- » vous bien que c'est un trésor que » je vous ai amené là? — Un trésor » qui écornerait diablement le mien, » si je vous écoutais tous. Le père ne » s'est-il pas fourré dans la tête que » je rebâtirais sa maison? — Sans » doute, vous la rebâtirez. — Et la » raison de cela, monsieur? — C'est » que c'est moi qui y ai mis le feu. » — Le joli passe-temps! Et vous

» croyez que je paierai vos sottises ?
» —J'étais votre plénipotentiaire, on
» ne voulait pas de vous ; il a bien
» fallu brûler le gîte de la future pour
» la forcer à en venir prendre un ici.
» — Tout cela est bel et bon, je ne
» rebâtirai rien. — Le beau-père d'un
» baron de Felsheim coucherait dans
» la rue! — Je lui donnerai les vieil-
» les tentes qui sont là-haut, il cam-
» pera. — On en a fait des chemises
» à vos pages et à vos gardes-du-
» corps. — Hé bien, il bivouaquera.
» — Mademoiselle Heidelberg ido-
» lâtre son père, faites quelque chose
» pour lui, et elle vous trouvera
» beau comme.... comme la victoire.
» Allons, M. le Baron, un peu de
» générosité ; gardez le papa avec
» vous. — Parbleu, sans doute ; j'é-
» pouserai toute la famille, n'est-ce
» pas? — Hé bien, corbleu! moi,
» j'épouse le père. — Diable! —
» Vous lui devez du vin et du lard ;
» je l'habillerai avec mes gages, et

» tous les dimanches il trouvera dans » sa poche de quoi figurer à l'esta- » minet. Il ne sera pas dit que le » père de mademoiselle Heidelberg » manque du nécessaire, tant que » Brandt pourra disposer d'un florin. » Bonsoir, mon général. » Et Brandt porte la dame-jeanne à l'autre extrémité de la chambre, il fait un éteignoir du vidercome, et s'endort sans écouter son général, qui grognait entre ses dents, et qui sentait intérieurement que Brandt avait raison.

On se réveilla de bonne heure, la tête saine et les idées fraîches. « Mon » cher ami, dit le baron, je t'ai donné de l'humeur hier. — Très-fort, » et beaucoup. — Tu garderas tes » gages. — Cela vous plaît à dire. — » Vous garderez vos gages, mon- » sieur. — Laissez-moi faire une » bonne action, ce sera la première » de ma vie. — Sacrebleu! qu'on

» m'écoute quand je parle. Je vous
» dis que vous garderez vos gages.
» Il ne convient pas à un faquin de
» valet de vouloir surpasser son maî-
» tre en générosité. — Un valet! un
» valet! reprend Brandt avec l'élo-
» quence du sentiment. J'étais votre
» camarade, quand je combattais à
» vos côtés, que je vous couvrais de
» mon corps; je suis votre ami de-
» puis que les infirmités vous acca-
» blent; jeune encore, je pouvais
» penser à ma fortune, et je ne me
» suis occupé que de vous. Votre in-
» gratitude me tue.... — Tu pleures,
» mon ami! — Ce sont les seules lar-
» mes que j'aie versées encore, et ce
» sont des larmes de désespoir. Je
» donnerais tout mon sang pour me
» mesurer avec vous. — Me crois-tu
» fait pour reculer? Prends tes pisto-
» lets, donne-moi les miens, cas-
» sons-nous la tête comme de braves
» gens, ou viens embrasser ton
» vieux camarade. Tu vois que je

» sais reconnaître et réparer mes » torts. C'en est assez, ç'en est trop, » dit Brandt en se jetant dans ses » bras » ; et il le pressait contre son sein, et ses larmes se mêlaient à celles du baron. « Mande le notaire, » reprend celui-ci, qu'il écrive ce » qui conviendra à M. Heidelberg, » à sa fille et à toi : je signerai aveu- » glément. »

Brandt n'eut pas un moment de repos que les articles ne fussent arrêtés à la plus grande satisfaction de M. Heidelberg : plus il obtenait pour lui, mieux il était avec lui-même. C'est une ame bouillante qui se détermine avant de penser, qui reconnaît ses fautes après les avoir commises, et qui met son bonheur à les réparer.

Il ne restait à faire que le trousseau. Mademoiselle Heidelberg, assez parée de ses attraits, désirait seulement pouvoir conserver, enfermer, regarder quelquefois la robe qu'elle avait reçue de Werner : Brandt, qui s'attachait plus fortement à elle, voulut qu'elle fût mise conformément à son mérite et aux facultés du baron. Il prit dans sa saberdache ce qui restait au trésor, et, plein de confiance dans le goût de mademoiselle Crettle, il l'emmena avec lui à Lunebourg. Le voyage dura trois jours, parce qu'on s'occupa souvent d'autre chose que du trousseau. L'infatigable Brandt s'aperçut enfin qu'il est un terme à tout, et on revint au château.

Ces fréquens tête-à-tête eurent les suites qu'il est aisé de prévoir. Crettle ne s'en vanta point, se serra la taille, et Brandt imita sa discrétion, sans attacher une grande importance à ce petit incident. C'était un de ces hommes heureusement organisés, qui ne s'occupent pas du lendemain.

Mademoiselle Heidelberg vit enfin arriver le jour fatal. Brandt avait annoncé l'aurore en brûlant ce qui lui restait de poudre. Jaloux de faire preuve de son talent et de la considération qu'il avait pour l'épousée, il range les pages dans l'antichambre de madame; les gardes-du-corps prennent les armes sous le pérystile; les vassaux, portant sur la poitrine l'écusson écartelé de Felsheim et de Heidelberg; les vassales dans leurs atours, tenant des lauriers et des myrtes enlacés, garnissent la cour; la chapelle est décorée de fleurs : la plus fraîche y manquait encore.

Le baron avait passé la chemise blanche et l'habit des grands jours; sa moustache et un reste de cheveux étaient poudrés à blanc. Désirant se donner pour le moment certain air de jeunesse, il avait substitué à son fauteuil à roulettes une béquille garnie en taffetas gris-de-lin. Il arriva, en sautant, à la chambre de l'épousée, lui présenta la main. Elle avait fait le sacrifice de son être, elle le suivit à l'autel.

Le ministre ouvre la liturgie. On souffle à la triste Sophie ce qu'elle doit répondre. Que pouvait-elle voir et entendre ? C'est la victime innocente que le couteau fatal poursuit, qui détourne la tête, et qui se laisse frapper.

Les paroles sacrées sont proférées. Mademoiselle Heidelberg n'est plus; elle vient de mourir pour Werner : un intervalle immense la sépare irrévocablement de ce qui lui fut cher. Madame de Felsheim ose le mesurer, et se tournant vers son époux, elle lui dit avec un calme auguste : « Je connais l'étendue des devoirs » que je viens de m'imposer : je les » remplirai tous. J'y compte, ma- » dame, répondit galamment le ba- » ron », et on rentra dans les appartemens.

Le baron, que son titre d'époux enhardissait un peu, et qui d'ailleurs ne manquait pas d'un certain bon sens, prit enfin sur lui d'adresser à sa femme quelques phrases suivies. Elle y répondit avec la douceur et les égards qu'une femme bien née accorde à son mari, quel qu'il soit, et à chaque mot de madame, le baron se trouvait plus à son aise, il s'exprimait avec plus de facilité : il trouva même de ces expressions heureuses et fortement senties, qui firent errer le sourire sur les lèvres rosées de son épouse. Brandt alors ne put contenir sa joie; il s'approcha d'elle, et lui dit à demi-voix : « Vous ferez de lui tout ce que vous » voudrez. Dès qu'on vous voit, on » est à vous, à la vie et à la mort. » Un regard de bienveillance fut le prix du compliment.

« Laissons-les, dit Crettle à Brandt, » la conversation s'anime. Oui, cela » promet, répond celui-ci en sor- » tant avec elle. Je doute un peu » que le baron tienne parole, pour- » suit Crettle en souriant. — Moi, » j'attends tout de madame. — N'y

» comptons pas ; c'est sage, austère :
» point d'usage, peut-être pas même
» d'idées.... — C'est un peu fort. —
» C'est exactement comme cela. —
» Diable! il nous faut pourtant un
» baronnet, et en conscience je ne
» puis pas le faire moi-même. —
» Vous le feriez de reste, fripon! —
» Oh! le respect... la loyauté... Ne
» me donne donc pas de ces idées-
» là, Crettle. — Je ne puis rien y
» perdre. — Bah! — Je les tourne-
» rai à mon profit. — Paix! friande.
» Revenons au baron. Ne connaî-
» trais-tu pas quelques moyens inno-
» cens..... — Pour qui me prenez-
» vous? — Tu vas faire la mijaurée?
» Ne sais-je pas bien que les femmes
» ont toujours quelque petit secret
» en réserve pour les grandes occa-
» sions? Allons, un petit baronnet,
» je t'en prie. — J'ai ouï dire à une
» de mes amies... — Ne fais donc
» pas semblant de rougir. Voyons,
» que te disais ton amie? — Elle me

» disait.... — Tu joues l'embarras à » présent. Hé bien ! elle te disait?.... » Que... — Que.... — Les truffes.... » — C'est bien heureux. Nous n'en » avons pas, mais on en trouve à » Lunebourg. Combien pour un en- » fant du peuple? — Mais je crois » qu'une demi-livre... — Oui ? trois » livres de truffes pour un baronnet » bien conditionné. » Et aussitôt un page monte à cheval, galope à Lunebourg, et revient dans l'après-midi, le baronnet en poche, enveloppé dans un sac de papier.

L'heure du souper approchait, et Crettle, qui avait indiqué le moyen, n'avait pu refuser de le préparer. Le contenu du sac avait cuit dans une pinte de vin fameux, qu'elle déposa dans une armoire de la chambre nuptiale.

Le baron avait juré à sa femme que, par égard et par amour pour elle, il ne s'énivrerait pas ce jour-là, et, chose étonnante, il avait tenu parole. Plus la nuit s'avançait, plus il considérait sa belle baronne ; plus il la regardait, moins il pensait à boire ; et la baronne, qui ne se rendait pas précisément compte de ce qu'elle pensait, mais qui sentait confusément que le baron devait s'en tenir au simple titre d'époux, le vit, sans frémir, se lever de table, et disparaître avec Brandt.

Le baron mollement étendu entre deux draps bien blancs, Brandt tire de l'armoire le merveilleux flacon, et engage son général à se restaurer un peu en attendant madame. Celui-ci, sans se faire prier, prend le vase enchanté, en avale la moitié d'un trait, et le posant sur sa table de nuit avec une grimace à faire reculer une armée : « Quel diable de » vin, dit-il, me fais-tu avaler là ? » — Vin de Tokai de la première » qualité. — C'est avec cela que » l'empereur se régale ? Je ne serai

» jamais de son écot. » L'épousée interrompit la conversation ; elle était, selon l'usage, conduite par son père, qui n'avait pas l'habitude de s'énivrer seul, et qui avait été, malgré lui, aussi tempérant que son gendre. Après le protocole usité, il souhaita une bonne nuit aux époux, et en se retirant il escamota le flacon prolifique, dont la couleur l'avait séduit.

Brandt et Crettle étaient rentrés dans la salle pour souper à leur tour. Ils mangeaient comme des gens qui ont beaucoup fatigué, c'est-à-dire, fort et long-temps. Il y avait une heure environ qu'ils étaient à table, lorsqu'ils entendirent un carillon d'enfer dans la chambre de monsieur. Brandt y court, il entre. « Mon » ami, mon ami! lui crie le baron, » je n'ai que vingt ans : je m'étonne » et je m'admire moi-même ; mais il » y a une petite difficulte. Il me » manque un bras et une jamb°, et

» madame n'a pas la moindre com-
» plaisance. Allons, mon ami, en-
» core ce service. » Madame de Felsheim, étonnée, stupéfaite de cette conduite militaire, cachait sous le drap sa rougeur et son indignation, et appuyait la plus belle main du monde sur la bouche de son mari. « Corbleu! reprit le baron en écar-
» tant la main, ce sera lui ou vous.
» Il convient, interrompit poliment
» Brandt, que ce soit madame. »
Il referma la porte, et on n'entendit plus rien de la nuit dans cette partie du château.

Brandt et Crettle rangeaient la desserte, en riant tout bas du petit démêlé conjugal, lorsqu'une autre scène attira leur attention. Un vaste château à demi-ruiné, flanqué de tours et de donjons, doit offrir des scènes variées, multipliées, surtout il y a cent ans, où il arrivait toujours quelque chose d'extraordinaire dans les vieux châteaux. Au-dessus de la salle à manger était une grande chambre dépouillée où couchait la vieille cuisinière, qui tout-à-coup jeta les hauts cris. Brandt monte, et trouve la cuisinière aux prises avec un grand fantôme blanc qui disparaît à son approche. Brandt le suit dans les corridors, sa chandelle à la main; le vent souffle la chandelle. Brandt s'arrête, écoute. Bientôt d'autres cris se font entendre dans la salle à manger, et Brandt reconnaît la voix de Crettle. Il accourt, et retrouve le fantôme blanc gesticulant avec Crettle, qui, surprise d'une attaque aussi brusque, égratignait, mordait et faisait la plus belle défense. La table sur laquelle se livrait le combat, tombe, et la seconde lumière s'éteint. Brandt jure, il renverse les chaises en cherchant son fantôme, et le fantôme, effrayé, ouvre la croisée et saute dans le jardin; Brandt saute après lui, et se remet à sa poursuite. Le fantôme monte un escalier qui conduit à un vieux donjon. L'opiniâtre Brandt le poursuit sans relâche, fait un faux pas, tombe sur les marches, et se casse le nez. Pendant qu'il se relève, qu'il s'essuie, qu'il se mouche, le fantôme a gagné du terrain, et Brandt ne sait plus où le joindre.

Il retourne sur ses pas, rentre dans la salle à manger, et trouve Crettle occupée à réparer le désordre de son ajustement. « Quel diable, que ce dia-
» ble-là! dit Brandt, il est enragé
» après les filles; mais, sacré mors,
» il ne tâtera de Crettle qu'à bonnes
» enseignes. — J'espère, mon cher
» ami, que tu ne me quitteras pas. —
» Je n'ai garde, morbleu! Il est d'une
» activité qui ne te laisserait pas le
» temps de la réflexion. » On rallume les chandelles, Brandt prend Crettle sous le bras, et commence une perquisition générale. On parcourt les chambres, les galeries, les tourelles, et on ne rencontre rien. « Je l'ai
» pourtant vu, disait Brandt. Je l'ai
» senti, ajoutait Crettle. Puisqu'il

» aime tant les filles, poursuit Brandt, » ne serait-il pas retourné à la vieille » cuisinière? C'est vraiment un mor- » ceau infernal. » Ils marchent vers sa chambre, que fermait une mauvaise portière en tapisserie; ils entrent et aperçoivent très-distinctement le fantôme prenant ses ébats, et la vieille roulant les yeux, et sans usage de la parole. Brandt s'approche sur la pointe du pied, et applique au postérieur du fantôme une claque à lui casser les reins. L'esprit malin tourne la tête en poussant un cri affreux. O surprise! ô embrrras! c'est M. Heidelberg.

En rentrant dans son appartement il avait sablé le reste du vin aux truffes, et il avait effectivement le diable au corps. Brandt se confond en excuses, Grettle rit aux éclats, M. Heidelberg va son train, la cuisinière se résigne, les spectateurs se retirent discrètement, et s'enferment sous la même clef, de peur de surprise.

Il était grand jour lorsque les divers combattans se rassemblèrent, les vainqueurs et les vaincus également accablés. On déjeûna près du lit de monsieur le Baron ; il était sur les dents, et ne voulut rien prendre. Madame de Felsheim avait cet air de langueur, si touchant dans une jeune épouse, lorsqu'en dépit de la pudeur il est mêlé d'une joie timide qui annonce que le cœur s'était donné avant la main. Madame de Felsheim était froide et réservée. Monsieur de Heidelberg, confus devant Crettle et Brandt, avait les genoux tremblans, les joues hâves, les yeux cavés, et ne savait quelle contenance tenir. La vieille cuisinière servait ployée en deux, appuyée sur son balai. Brandt, le nez au vent et le jarret toujours tendu, allait, venait et suppléait au défaut de la cuisinière. Crettle, un peu fatiguée, était appuyée sur le dos du fauteuil de sa maîtresse, et commençait des félicitations indiscrètes, qu'un regard sévère fit expirer dans sa bouche.

Le déjeûné dura peu, et chacun sortit, excepté Brandt, qui procéda à la toilette de monsieur le Baron. Quel fut l'étonnement de l'un et de l'autre ! Monsieur le marié était sans mouvement; il ne lui restait que l'usage de la langue. Brandt le tourne, le frotte, le remue en tous sens; efforts inutiles, la paralysie est constatée. « Quel malheur ! disait le Baron; après de pareils succès, on devrait être immortel ! Mon général, » répondit le major, en retenant ses » larmes, nous sommes nés pour mourir : il faut tous en venir là; mais » il est beau de mourir sur ses lauriers ». Il sortit pour avertir madame du triste état de son mari. Il rencontra Crettle, lui prit la main, leva les yeux au ciel, donna un libre cours à ses pleurs, et dit d'un ton pathétique : « Nous avons fait la dose » trop forte. Voilà une ferme brûlée » et un homme assassiné avec les » meilleures intentions du monde ».

## CHAPITRE IV.

*Le Baron meurt ; on l'enterre ; un Baronnet le remplace.*

Les pressentimens de Brandt n'étaient que trop fondés. Une fièvre d'épuisement se joignit bientôt à la paralysie. Les assassins licenciés de Lunebourg furent mandés. Il questionnèrent madame de Felsheim sur les événemens de la nuit. Il est une langue que la pudeur n'entend pas ; madame de Felsheim baissa les yeux : genre de reponse qui n'éclairait pas les consultans. Brandt entra dans les plus grands détails, et messieurs de la Faculté prononcèrent à l'unanimité que la Baronne devait se préparer à une séparation prochaine. Elle était bien éloignée sans doute d'avoir de l'amour pour son époux, et cependant son premier sentiment fut tout entier aux bienséances. Le Baron avait des défauts essentiels qu'elle ne pouvait pas se dissimuler ; mais il était son bienfaiteur. Il avait donné par faiblesse, mais on lui devait tout.... tout, jusqu'à l'espoir d'être enfin à.... On n'osait prononcer son nom, mais son image adorée se montrait de loin en loin, embellie encore des charmes de l'espérance.

Madame de Felsheim combattait ces douces émotions, dont l'ardeur l'effrayait quelquefois. Pénétrée de la sainteté des devoirs qu'elle s'était imposés, elle voulut les remplir avec la plus scrupuleuse exactitude. Assidue auprès du Baron, elle le soignait, elle lui prodiguait ces égards affectueux, qui ne ressemblent pas à l'amour, mais qui sont satisfaisans.

Ses mains préparaient les mixtions, les offraient au malade, et dans ces momens où la nature alarmée sent l'approche d'une totale dissolution, où tout, jusqu'à l'espoir, s'éteint dans le cœur de l'homme, madame de Felsheim employait cette éloquence douce, ces motifs de consolation qui ne persuadent pas toujours, mais qu'on aime toujours à entendre. Son époux l'écoutait et ne répondait rien. Il la regardait d'un air attendri qui voulait dire : Elle me plaint, que peut-elle de plus ?

Brandt, qui avait passé trente ans avec le Baron, qui avait partagé ses dangers, ses succès, ses faiblesses ; Brandt, qui était né avec un cœur excellent, mais abandonné aux seules impulsions de la nature, Brandt, abattu, pâle, égaré, parcourait toutes les chambres du château, et partout où il était seul il s'arrêtait, et ouvrait deux sources de larmes qui ne tarissaient plus. Sa poitrine se gonflait, ses sanglots le suffoquaient, et s'il entendait quelque bruit, il fuyait, il portait plus loin les accens de sa douleur. Il se fût cru déshonoré, s'il en eût eu des témoins. Brave garçon, tu ne sais que combattre, vaincre ; tu ignores que la sensibilité est le plus précieux des dons, et que, s'il existe un dieu, l'homme sensible est sa vivante image !

Une semaine était écoulée, et le malade s'éteignait de minute en minute. Madame de Felsheim et Grettle ne le quittaient pas de jour ; Brandt les remplaçait la nuit. Il se présenta à l'heure ordinaire ; la Baronne refusa de s'éloigner, et voulut renvoyer Brandt. « Je ne le quitterai » pas plus que vous, dit-il ; j'ai vécu » avec lui, je l'aiderai à mourir ». Et il était debout, les mains jointes et serrées, l'œil fixé sur le Baron, qui souleva péniblement la paupière, et lui dit d'une voix éteinte : « Mon » ami, viens m'embrasser pour la

» dernière fois ». Brandt tombe à genoux à côté du lit mortuaire, il saisit un bras privé de sentiment, et le couvre de baisers; la main qu'il presse ne répond pas à la sienne : il se relève, ses lèvres s'impriment, s'attachent à celles du Baron. Il semblait vouloir l'animer de sa vie, lui communiquer tout son être.

« C'est assez, lui dit monsieur de » Felsheim, fais approcher mon » épouse ». La Baronne naturellement sensible, étendue dans une chaise longue, regardait, écoutait, autant que sa propre émotion pouvait le lui permettre. Brandt la balance dans le cœur du Baron, et elle n'en est pas offensée : elle est l'épouse d'une nuit, Brandt fut l'homme de toute sa vie. Elle se lève, elle s'approche. « Madame, lui dit son » époux, j'ai abusé de votre infor» tune, j'ai forcé le don de votre » main; me le pardonnez-vous » ? Des larmes seules répondirent. « J'ai

» du moins la consolation d'avoir » assuré votre fortune. Si quelque » chose de moi doit survivre à moi- » même, si vous êtes mère, parlez » quelque fois à votre enfant d'un » père qui n'aura pas le bonheur de » le presser dans ses bras. Donnez-lui » vos vertus, vos qualités aimables.. » Je vous laisse Brandt; acquittez- » moi envers lui... Adieu, madame.. » je .. je... ». La mort a frappé.

Monsieur Heidelberg et Crettle éloignent madame de Felsheim de ces restes inanimés, Brandt les contemple avec avidité ; il soulève cette tête livide, il la caresse, il lui parle; les heures s'écoulent, et il ne peut s'en détacher. Le ministre du culte se présente; il va déposer Ferdinand xv dans la sépulture de ses ancêtres. Brandt tire son sabre, détache la lèvre supérieure, et l'élevant au bout du bras : « La voilà, dit-il, cette » moustache dont le seul acpect » faisait trembler nos ennemis; la

» voilà cette moustache victorieuse à » Hocsted, à Ramillies, à Malpla- » quet ; cette moustache et moi, » nous sommes inséparables ». Il la baise respectueusement, la porte à son cœur, la serre sous sa chemise, et sort à pas lents, la tête baissée sur sa poitrine, et dans une morne silence.

Brandt avait oublié le faste, dont il s'occupait essentiellement aux cérémonies ordinaires ; le convoi fut simple, mais le cercueil fut arrosé des larmes de l'amitié, hommage pur et vrai, que peu de morts obtiennent, et qu'on remplace aujourd'hui par une pompe stérile, insignifiante, et qui ne prouve que l'opulence des héritiers.

Il y avait trois jours que madame de Felsheim avait rendu les derniers devoirs à son mari ; Crettle lui annonça un homme de connaissance : c'était le jardinier dépositaire fidèle des secrets de son cœur. Il tenait la lettre, qu'il présenta d'un air timide, et qu'on reçut avec plus d'embarras encore. On sentait ce qu'on devait aux bienséances; mais pouvait-on ne pas écouter son cœur? La lettre était décente, et conforme aux circonstances. Le mot *amour* ne s'y trouvait pas; mais tout y était ame, sentiment, ivresse. Madame de Felsheim ne savait si elle devait s'en applaudir ou s'en plaindre. « Il n'est » plus, dit-elle après un moment » de réflexion. J'honore sa cendre; » mais ne dois-je rien à celui..» ? Elle écrivit à son tour. Elle voulut être réservée; elle ne sut qu'être tendre.

On pense bien que le jardinier ne s'en tint pas à ce premier message; on se doute bien qu'on ne le renvoyait pas sans réponse. Art heureux, qui trompe les ennuis de l'absence, pourquoi le nom de ton auteur n'est-il point parvenu jusqu'à nous? La reconnaissance et l'amour lui éleveraient des autels.

Madame de Felsheim pensa enfin à mettre ordre à ses affaires. Brandt pouvait seul la guider dans ce chaos. Point d'économie, point d'ordre; les produits mangés par anticipation; un château délabré, sans meubles, sans linge; des gardes et des pages inutiles au seigneur et à charge à ses vassaux. Madame de Felsheim songeà qu'il fallait réformer d'abord sa maison militaire. Brand y tenait infiniment, mais la Baronne lui dit d'un air si doux qu'elle lui saurait gré de sa complaisance, qu'il fut mettre lui-même sa garnison à la porte. Ces vauriens furent congédiés avec leur habit et dix florins par tête. Le nombre des commensaux se borna donc à la vieille cuisinière, à Grettle, qui continua son service près de madame, et à Brandt, dont elle fit son factotum.

On fit venir un architecte de Lunebourg. Après une visite exacte de toutes les parties du château, il fut reconnu que grâces à la négligence des propriétaires, depuis Witikind jusqu'à Ferdinand XV, il fallait sacrifier en réparations cinq à six années du revenu. L'architecte leva la difficulté en proposant de démolir le château. La proposition effraya d'abord; mais l'architecte ajouta qu'avec le produit du plomb, du fer et des autres matériaux, il se chargeait de bâtir une maison agréable, saine et commode : ce qui ne pourrait servir à rien, comblerait les fossés et la mare. La cour deviendrait un parterre varié qu'ombrageraient ici l'odorant tilleul, là, des touffes de lilas, d'aubépine et de seringat. L'esplanade serait remise dans son premier état; des légumes, des arbres fruitiers en rendraient l'aspect riant, et le rapport en serait utile. Monsieur Heidelberg, expert et laborieux, se chargerait exclusivement de la culture, Brandt d'arroser, Crettle de faire des bouquets à madame. Ce projet accepté, le plan de la maison tracé et arrêté, les accessoires réglés, on ne s'occupa plus que de l'exécution. Il fallait que madame de Felsheim choisît un domicile, au moins pour un an. Elle paraissait embarrassée sur le choix; elle ne l'était que sur la manière d'annoncer celui qu'elle avait fait. On lui nommait Lunebourg, Battesen, Harborg; Lunebourg était trop dispendieux, Harborg malsain, Battesen si triste! Crettle, en pinçant la bouche, laissa échapper *Blekède*; Blekède convenait à tous égards. La ville était gaie, les fortunes modérées, les habitans affables; d'ailleurs monsieur Heidelberg y avait ses connaissances, il serait bien aise de les revoir, et on était flatté de faire quelque chose qui lui fût agréable. Il rappela la scène que Brandt avait eue avec le commandant, et les suites désagréables et mêmes funestes que l'impétueux hussard pouvait y donner. Déjà Brandt enfonçait son bonnet sur ses yeux, et caressait de la main la poignée de son sabre. Madame de Felshein se tourna vers lui, et dit avec un sourire enchanteur : « Mon père vous prie de ménager » le commandant, de lui marquer » même des égards. Promettez-le-» moi, mon cher Brandt, ou vous » le priverez du plaisir d'embras-» ser ses amis ». Mon cher Brandt! répétait le hussard, que flattait la douceur de ces paroles, que désarmait le charme du sourire! Il promit, il jura par les charmes de madame, et on partit pour Blekède.

Le premier deuil était passé, et on craignait encore de se livrer à ces idées délicieuses qu'on ne saurait éloigner, mais qu'on a la cruauté de combattre. epeudant en approchant de cette ville, berceau des plus douces affections, on cherchait, on démêlait les toits des différentes maisons où on s'était vu, où on s'était parlé, où on allait se voir et se parler encore: on pouvait faire et recevoir des visites. On ne se chercherait pas, sans doute ; mais on se rencontrerait chez madame la comtesse, chez madame la baronne. On n'y parlerait que de choses indifférentes ; mais on s'entend si bien; même en parlant une langue étrangère! Et puis un vêtement qu'on touche par hasard ; un pied qui en rencontre un autre ; une fleur qu'on a respirée, et qu'on laisse tomber ; un gant qu'on oublie ; un coup d'œil rapide comme l'éclair, que la pensée plus prompte encore, saisit, entend, apprécie; combien ces adorables niaiseries ressemblent au bonheur! il faut vraiment aimer pour sentir ce qu'elles valent. Heureux, trop heureux lecteur, si tu les as connues à l'aurore de ta vie!

En entrant dans la ville, le sang

coula avec plus de rapidité, le cœur battit avec plus de force, le contentement se peignit dans tous les traits. On respirait le même air, on allait habiter la même enceinte : que ce voyage était différent du premier !

On n'avait pas de maison à Blekède, il fallut descendre à l'auberge. Il y en avait deux ou s'arrêtaient les gens d'une certaine façon, l'Aigle-Noir et le Grand-Monarque. Vis-à-vis l'hôtel de l'Aigle-Noir demeurait la mère de certain officier.......... On eût été aussi bien au Grand-Monarque; mais on préféra l'Aigle-Noir.

Il n'y restait que deux appartemens dont on pût disposer. L'un très-beau, sur la cour; l'autre très-petit et assez mesquinement meublé, qui donnait sur la rue; on prit ce dernier : une veuve de dix-neuf ans, qui veut rétablir l'ordre dans ses affaires, doit avoir des vues économiques.

L'arrivée de madame de Felsheim fut bientôt la nouvelle de Blekède. Dès le lendemain elle eut chez elle de vrais amis, enchantés de la retrouver, et des curieux qui grillaient de voir comment lui allait le deuil. Elle reçut les uns avec l'abandon de l'amitié, et les autres avec cette froide aisance qui veut dire : si j'avais moins d'usage, je vous prierais de rester chez vous.

Un seul homme, le seul qu'on attendît, le seul qu'on pût désirer, ne s'était pas présenté encore. La porte s'était ouverte cent fois, cent fois on s'était tourné vers cette porte, cent fois on avait fait la mine à celui qui entrait, quelqu'aimable qu'il pût être d'ailleurs. Quoï que vous en disiez, mesdames, il n'est qu'un homme vraiment intéressant pour vous : c'est celui que vous attendez.

Madame Werner parut enfin, introduite par son fils. Madame de

Felsheim courut au-devant d'elle, et l'embrassa... Elle l'embrassa !... Etait-ce bien elle qu'elle embrassait?

Werner salua profondément, et on lui répondit par une grave révérence. On ne se dit pas un mot : deux de ces coups d'œil dont je parlais tout-à-l'heure, partirent à la fois, et trompèrent l'attention maligne des observateurs. Les gens froids ne savent rieut saisir.

On proposa des parties. Monsieur Heidelberg fit apporter des cartes, et en un instant tout le monde fut occupé, à l'exception pourtant de madame de Felsheim, qui fut prise tout-à-coup d'un violent mal de tête, et de monsieur Werner, qui ne jouait jamais. On se trouva donc en tête-à-tête au milieu d'une assemblée nombreuse ; on put se parler enfin, et on n'était pas observé : l'intérêt était le dieu du moment.

S'être cru séparés sans retour, se trouver réunis par un de ces coups impossibles à prévoir, pouvoir se dire tout ce qu'on pense, et pouvoir penser d'après son cœur, quel moment pour Werner ! Réparer envers un homme charmant les torts de la fortune, contribuer à son avancement, lui consacrer ses sensations, son être, toute sa vie, quel avenir pour madame de Felsheim ! « Vous » me rendez ma Sophie, vous me » rétablissez dans mes droits, lui dit » Werner, voilà les bienfaits inappréciables qui me pénètrent, qui » me transportent : laissons la fortune, elle n'est rien pour nous. » — Mon ami, avez-vous oublié ce » billet ? Le voici ; il ne m'a pas » quittée. Lisez : *Voilà tout ce que* » *j'ai pu faire*. Je ferai aussi tout » ce que je pourrai. J'ai encore les » deux pièces d'or ; je les ai reçues » sans difficulté, et j'en dois les intérêts. L'amour ennoblit tout, et » on ne doit pas rougir de recevoir, » lorsque l'on n'a pas craint d'offrir ».

Que répondre à cela ? Werner prit la main de madame de Felsheim, qui la retira doucement, en lui disant à demi voix : « Le tems n'est » pas venu : je vous adore, mais je » n'outragerai pas la mémoire de » mon mari ». Werner fut s'asseoir près d'une table de jeu, madame de Felsheim se mit à l'autre extrémité de la salle, et sans le chercher, sans y penser, ils se trouvèrent l'un à côté de l'autre. Madame de Felsheim entra en conversation réglée avec une dame qui n'était pas sans mérite ; Werner se mit en tiers d'un air sans conséquence, qui en a beaucoup quand il est affecté, et on ne se quitta plus de la soirée.

Depuis quelque tems madame de Felsheim avait remarqué des irrégularités qui lui faisaient présager un nouvel état. De fréquentes indispositions, et des indices certains terminèrent enfin ses doutes. Elle n'éprouva d'abord que ce sentiment naturel, mélange touchant d'anxiété et de tendresse, qui attache une mère à l'objet innocent qu'elle n'a pas vu encore, mais dont l'existence la pénètre, et la prépare aux douleurs et aux délices de la maternité. Son cœur se reporta bientôt sur Werner. Elle avait pour lui l'estime la mieux sentie, et elle n'était pas sans une sorte d'inquiétude. S'il refusait son amitié, sa compassion à l'enfant de son amante; si cet enfant lui rappelait qu'un autre.. Cependant il était indispensable de l'instruire; ce secret allait cesser d'en être un. Tous les soirs elle voyait Werner, tous les matins elle se proposait de lui confier son état; il paraissait, elle voulait parler, et les mots expiraient sur ses lèvres. Werner, inquiet lui-même des incommodités continuelles qu'éprouvait madame de Felsheim, alarmé d'une espèce de contrainte qu'elle n'avait point l'art de dissimuler, Werner pressa, supplia, arracha cet aveu si redouté. On l'observait en lui parlant, on cherchait à le pénétrer, on attendait un geste, un regard, un mot; Werner était immobile et froid. Il avait cherché à s'étourdir sur le passé; cet aveu lui en rappelait l'amertume. « Vous ne répondez rien, » lui dit enfin madame de Felsheim. » — Vous savez que je vous adore... » — Mais, mon enfant? — Je reviens » à la délicatesse, à l'équité, à moi- » même : votre enfant sera le mien, » j'en jure par l'honneur. Je l'adopte- » rai, je lui rendrai son père. — Sois- » le..... ah ! sois-le. Tu le seras, n'est- » il pas vrai, mon ami» ? Et ses bras s'enlaçaient dans les siens, et elle le pressait sur son sein. « Le voilà, je » vous unis, dit-elle. Il ne t'a point » entendu, mais j'ai reçu ton ser- » ment ».

On pense bien que les amours de Werner et de madame de Felsheim furent bientôt la nouvelle du jour. Que ferait-on dans une petite ville, si on ne se mêlait des affaires de son voisin ? De quoi parlerait-on, si on s'interdisait la médisance ? Qui pourrait s'en plaindre ? d'ailleurs chacun n'a-t-il point les mêmes moyens de dissipation, et chacun ne les emploie-t-il pas à son tour ? Madame de Felsheim opposait sa vertu à la malignité, et tout ce qui l'approchait rentrait dans les bornes du respect. Cependant elle se dégoûta bientôt de la plupart de ceux qu'elle n'avait reçus que par bienséance. leur caractère tracassier ne s'accordait point avec le sien. Elle se retira insensiblement de la société. Madame Werner et son fils ne la quittaient presque plus. On s'écrivait quand on ne se voyait pas : c'était toujours être ensemble.

Crettle, plus avançée que sa maîtresse, était embarrassée aussi, mais par des raisons toutes différentes. Sa taille rondelette résistait aux efforts d'un doublelacet ; un coup d'œil pouvait éclairer la baronne, et avec une femme comme elle, il n'y avait point de grâce à espérer. On perdrait une excellente condition; il faudrait quitter le pays, courir les aventures, et on n'en trouve pas toujours d'agréables. On pouvait compter sur le cœur de Brandt, mais sa bourse se vidait assez régulièrement au cabaret, quand il n'était pas utile à l'hôtel: ainsi, point d'épargnes ni de ressources pour Crettle. La pauvre petite pleurait quelquefois en pensant à tout cela, et ses pleurs ne remédiaient à rien.

Si du moins on avait pu s'expliquer, se concerter avec Brandt, on eût trouvé peut-être quelqu'expédient praticable; mais on ne se voyait plus qu'à la dérobée. Madame ne sortait pas de son appartement; Crettle lui tenait compagnie quand elle était seule, et elle avait reçu l'ordre positif de rester quand Werner se présentait. On était trop pure pour redouter les témoins, et on n'avait pas la présomption de les croire inutiles. Une petite chambre à cheminée tenait à celle de madame de Felsheim, Grettle y avait son lit, mais on n'y arrivait qu'en passant chez madame; ainsi, plus de conférences de nuit : tout cela était désespérant.

Brandt, que cette séparation n'arrangeait pas du tout, imagina un moyen tout simple de soutenir la privation. Il avait rencontré au cabaret le sergent à qui il avait cassé la mâchoire d'un coup de poing, et on avait scellé la paix le verre à la main : c'est assez la manière dont se terminent les querelles entre militaires. Il le chargea d'un billet pour la commandante. Il en avait déchiré trois ou quatre, et il s'arrêta à celui-ci, dont la tournure lui parut tout-à-fait galante.

« *Madame et tendre amante,*

» Vous m'avez sauvé la vie, ainsi » ma personne vous appartient. Si » l'échantillon vous a plu, disposez

» du reste d'aussi bon cœur que je » vous l'offre, et vous verrez un luron » qui ne recule jamais.

» Je suis avec un amour respectueux,
» votre sincère amant,
» BRANDT. »

Il n'avait pas instruit son ami le sergent du contenu de la lettre; il se piquait quelquefois de discrétion. Le poulet fut porté directement à son adresse, et rendu au milieu de trente personnes : c'était jour d'assemblée chez le commandant. Madame la commandante rougit, pâlit en lisant; puis, mettant le papier en mille pièces : « C'est cet imbécille, dit-elle » à son mari, c'est le factotum de » madame de Felsheim, qui me prie » de le remettre en grâce avec vous. » L'impertinent, qui s'avise de m'é- » crire! — Allons, allons, Mignon- » ne, cet homme manque d'usage, » mais il sent qu'il m'a offensé, il se » repent; il demande votre média-

» tion, je ne vois pas grand mal à
» cela. Je reçois ses excuses; elles
» viennent un peu tard, mais enfin
» j'oublie tout, et il peut compter
» sur ma protection. »

Le sergent, enchanté du succès de sa mission, fait une profonde révérence, retourne au cabaret, prend son ami Brandt par la main, et l'entraîne après lui, en lui protestant qu'il sera bien reçu. Brandt rasait le pavé, en riant dans sa moustache, et comptant fermement sur une aubaine dont il se disposait à tirer parti. Il est introduit dans la salle d'assemblée, et ne sait que penser. Il promène autour de lui des yeux étonnés, et son étonnement redouble, lorsque le commandant lui répète à-peu-près ce qu'il a dit au sergent. La commandante, qui pénètre son embarras, et qui craint un quiproquo, prend la parole, et loue le style respectueux de son billet. Elle est fâchée de l'avoir déchiré; il eût ajouté aux heureuses dispositions de son mari. Tout cela eût été très-clair pour un autre que Brandt ; mais il n'était pas du tout au fait des petites ruses familières aux femmes d'un certain ton. Il fut près vingt fois d'envoyer à tous les diables le commandant, la commandante, et l'honorable assistance ; mais il avait promis de se modérer à madame de Felsheim, et il la respectait trop pour enfreindre sa promesse.

On lui avait tourné le dos, on ne prenait plus garde à lui, et il ne savait encore s'il avancerait, s'il reculerait, s'il devait répondre ou garder le silence. Son ami le tira par l'habit, et il jugea que ce qu'il pouvait faire de mieux, c'était de se retirer. « Quelle diable de lettre as-tu » donc remise? dit-il au sergent, » quand ils furent dans la rue. — » Hé, parbleu! c'est la tienne. —La » mienne! Vas-tu me faire aussi du » galimatias? —Qu'appelles-tu, ga-

» limatias? — Sans doute, on ne me » dit pas un mot qui ait rapport à ce » que j'ai écrit. — Qu'as-tu donc » écrit, voyons? — C'est de l'amour, » puisqu'il faut te le dire. Mais, chut! » — Tu as osé écrire de l'amour à » madame la commandante? — Pour» quoi pas, puisque j'ai bien osé lui » en faire? — Et elle l'a souffert! — » Avec reconnaissance. — Je devine » à présent son intention. — Conte» moi cela. — Elle t'aime, cette fem» me-là... — Elle serait bien dégoû» tée. — Et elle a conté un fagot à » son mari. — Pour tromper l'espion? » — C'est ça, mon ami, c'est ça. — » Pas si bête, pas si bête! »

En effet, ces messieurs étaient à peine rentrés au cabaret, que le vieux domestique parut et se mit de l'écot. Madame la commandante se rappelait les derniers mots de la galante épître : elle était curieuse de revoir le luron qui ne reculait jamais. Cependant la roture de Brandt renouvelait ses scrupules, et elle était si délicate! Comment concilier sa noblesse et ses plaisirs? Elle fit les réflexions suivantes, très-satisfaisantes, sans doute. « Si j'épousais un tel » homme, je me déshonorerais sans » retour; mais un roturier est un » être sans conséquence, et une ba» gatelle de tempérament n'est point » une infidélité. Ces excellentes raisons la déterminèrent, et le vieil émissaire fut expédié. Brandt fit venir le plat de choucroute, la tranche de fromage, le pot de bière brune, et on soupa amicalement, en parlant de la pluie et du beau temps: le sergent gênait le grison. La retraite battit enfin, l'invalide était de semaine, il fallut se retirer pour aller faire l'appel. « Partons, dit l'obligeant » valet, en frappant sur l'épaule de » Brandt, partons, on vous attend. » Je suis prêt, répond le hussard: » en avant, pas redoublé, marche. » On arrive au gouvernement, et cette fois Brandt ne fut point introduit dans la salle d'assemblée ; on le déposa à petit bruit, et sans lumière, dans la chambre de madame, et on tira la porte sur lui. Brandt fit deux ou trois tours sur la pointe du pied pour reconnaître les lieux. Il se heurta d'abord contre une certaine baignoire qui lui rappela son premier voyage à Blekède ; il s'embarrassa les jambes dans les pieds d'une toilette qu'il faillit renverser sur le plancher ; enfin il rencontra le lit, qu'il cherchait, il se déshabilla, se coucha et s'endormit sans plus de façon, en attendant qu'il plût à sa princesse de venir l'éveiller.

Le commandant soupait en ville. Mignonne avait jugé qu'il était prudent de l'attendre, et de ne se coucher qu'après lui. Il se griserait sans doute, selon sa louable coutume, il dormirait d'un profond sommeil, et on ne serait pas exposé aux distractions : les choses ne s'arrangèrent pas tout-à-fait ainsi. Mignonne avait mangé à son petit couvert, elle s'était un peu chargé l'estomac, et elle s'assoupit en digérant, le cœur plein des plus heureuses chimères, et le nez farci de tabac d'Espagne. Elle n'entendit pas ouvrir la porte de la rue, et le commandant, qui depuis long-temps n'avait plus rien de commun avec sa femme, monta droit à sa chambre, la tête parfaitement saine, parce qu'il avait soupé à côté d'une dame plus intéressante encore que sa bouteille. En accrochant sa perruque au bras de la cheminée, en enfonçant son bonnet de velours noir, en passant son manteau de lit, il se rappelait son aimable voisine, l'imagination s'échauffait, certaine fantaisie, assez fortement caractérisée, tourna enfin au profit de sa femme, et il fut tout bonnement se mettre dans le lit de sa douce moitié.

« Mignonne, dormez-vous? dit le » commandant d'un ton mielleux. »

Mignonne ne répondait pas. Il veut lui caresser la joue, il avance la main, il rencontre une moustache rude comme une brosse. « Que dia-» ble est ceci ! Mignonne s'est cou-» chée la tête en bas? Remettez-vous, » mon cœur, remettez-vous », et en voulant la remettre, sa main s'arrêta encore sur quelque chose qui n'avait absolument rien de féminin. Cette main réveilla Brandt, qui appliqua au commandant un vigoureux baiser, et qui, cherchant à palper à son tour, rencontra précisément le contraire de ce qu'il attendait. Etonnement, stupéfaction de part et d'autre. Les deux champions, assis sur leur séant, tenaient ferme chacun de leur côté. On s'attendait, on se craignait, on ne soufflait pas. Le commandant se disait : « C'est un amant, » je vais le punir par l'endroit sensi-» ble. » Brandt se disait : « C'est peut-» être le mari, je vais le faire parler», et tous deux serrent et tirent à-la-fois : tous deux en même-temps poussent des cris du diable, et Brandt reconnaît la voix du propriétaire. Il lui saisit le poignet, l'oblige à lâcher prise, l'enlève, le plonge dans la baignoire, jette les matelas par-dessus lui, roule ses habits sous son bras, et enfile l'escalier.

Mignonne, que le bruit a réveillée en sursaut, accourt une lumière à la main ; elle rencontre un homme nu, velu comme un ours, la tête enveloppée dans une espèce de turban qu'il s'était fait avec son pantalon, dont les jambes étaient en l'air, et jouaient alternativement comme des cornes de limaçon. Mignonne croit voir le diable, qui vient punir son incontinence ; elle tombe évanouie sur les degrés. Brandt les franchit d'un saut, ouvre la porte de la rue, en parcourt trois ou quatre sans savoir ce qu'il fait, s'arrête sous la colonnade d'une église, se rhabille à la hâte, et rentre à petit bruit à l'hôtel.

Le malheureux commandant se débattait dans le fond de la baignoire. Essayait-il de se dépétrer des matelas? l'eau lui entrait en abondance dans la bouche. Essayait-il d'élever sa tête au-dessus de l'eau? les matelas pressés sur ses lèvres, ne lui permettaient pas de respirer : il n'avait que le choix du genre de suffocation. Heureusement un effort violent jeta la baignoire sur le côté. L'eau, les matelas, roulent par la chambre, et le commandant se retrouve au grand air. Il se remet un moment, il se lève, il appelle son domestique, qui avait entendu tout ce vacarme, et qui faisait semblant de dormir, et pour cause. Le commandant descend pour prendre ses armes; il trouve Mignonne qui reprenait ses sens, et qui était plus morte que vive. « Corbleu! Madame, m'expliquerez-vous, dit-il, ce que tout ceci signifie? — C'est le diable, mon ami,

» c'est le diable. — Il n'y a point de » diable, madame, c'était un hom- » me, et au grand complet. — C'est » donc un voleur? — Vous vous mo- » quez de moi. Je l'ai trouvé dans » votre lit, dormant d'un profond » sommeil. — Vous verrez que ce » téméraire cherchait à me surpren- » dre. — Non, madame, on ne s'en- » dort dans le lit d'une femme que » lorsqu'on est parfaitement d'accord » avec elle. — Ah! mon ami, comme » vous me traitez, moi qui ai tou- » jours été un modèle de tendresse » et de fidélité. Si j'avais été d'intel- » ligence avec cet homme, ma porte » n'aurait-elle pas été fermée? n'au- » rais-je pas veillé le moment où vous » êtes entré, où vous avez monté à » votre chambre? Vous aurais-je » quitté sans m'être assurée que vous » reposiez! Hélas! je reposais moi- » même, en vous attendant dans la » salle à manger. Je vous voyais dans » mon sommeil, doux, tendre, em-

» pressé, comme au temps de nos
» premières amours, comme vous
» l'êtes encore quelquefois. Moi...
» vous tromper! moi!... Vous avez pu
» le penser!... vous avez pu me le
» dire!... Jamais je n'oublierai cet
» outrage. »

Dès le commencement du dialogue, Mignonne faisait des efforts incroyables pour pleurer; rien n'est persuasif comme cela. Les larmes vinrent à la fin. Elles furent bientôt assaisonnées d'un gonflement de poitrine, accompagné de sanglots, de cris, de gestes supplians, furieux, et de tous les petits agrémens dont les femmes tirent tant de parti, quand elles ont affaire à un benêt. Celui-ci, ému, touché, attendri, reconnut, avoua ses torts, et en sollicita le pardon : c'est là qu'on l'attendait. Ce fut alors que la vertu indignée parla son langage échafaudé, qu'elle éclata en plaintes, en reproches, en menaces. Le mari confondu, humilié, pria, supplia, conjura. Il embrassa les genoux de Mignonne, les mouilla à son tour de ses larmes. Mignonne enfin se laissa désarmer. Elle présenta la main en signe de réconciliation, et dit du ton le plus imposant qu'elle put prendre : « Qu'il ne vous arrive » jamais, monsieur, de soupçonner » une femme comme moi. »

Brandt s'était enfermé dans son petit cabinet, situé précisément sous le toit de l'hôtel. Il se promenait en long et en large, en pensant aux événemens de la nuit, qui lui paraissaient inexplicables. Il regrettait sa commandante, dont il n'était pas fort épris, et qui n'était pas fort aimable; mais enfin c'était une femme, Brandt les aimait beaucoup, et en rencontrait peu qui ne lui parussent dignes de son attention.

Mais quand il pensait à sa petite Crettle, qu'il aimait véritablement et qui valait vingt commandantes, il se reprochait d'avoir pris, pour la trahir, plus de peines qu'il n'en eût fallu pour pénétrer jusqu'à elle. Il sentait que madame de Felsheim, qui n'avait aucun soupçon, ne pouvait être difficile à tromper; mais se résoudre à tromper madame de Felsheim.

Cependant ses espérances du soir même, une longue privation, un retour de tendresse pour Crettle, tout animait, enflammait Brandt; sa vue se troublait, ses scrupules s'éteignaient, son respect pour madame n'était plus écouté, et cette barrière franchie, rien ne pouvait l'arrêter. Une nuit d'ailleurs est bientôt passée; on n'y retournerait pas tous les jours. Il ne s'agissait plus que de savoir comment on arriverait. Traverser l'appartement de madame eût été d'une insolence, d'un danger... Comment diable faire?

Pendant que Brandt roulait dans sa tête mille projets inexécutables, l'horloge frappa deux coups; on avait devant soi quatre heures de ténèbres encore, et en quatre heures, un homme comme Brandt fait bien de la besogne. Il avait ouvert sa fenêtre. A l'aide d'un clair de lune, il considérait toutes les parties de l'hôtel ; il mesurait de l'œil la hauteur des croisées, lorsqu'une idée sublime le frappa : il la saisit avec empressement.

Il descend dans la cour, détache la corde du puits, et remonte dans son cabinet. Il se déshabille, fait des nœuds à la corde de distance en distance, la roule autour de lui, sort par sa lucarne, monte sur le toit, et marche d'un pas ferme et assuré jusqu'à la cheminée de Crettle. Une barre de fer en liait les parties dans le haut, et c'est là qu'il attache sa corde ; il la déroule doucement dans le tuyau, et se dispose à descendre, comptant bien retourner par la même route avant le lever du soleil.

Comme les desseins de l'homme sont incertains ! A quel point son repos, son bonheur, sa vie, sont subordonnés aux circonstances ou à la providence, ce qui est à-peu-près la même chose! Brandt ignorait un petit événement qui venait de se passer dans la chambre de Crettle, et qui allait furieusement déranger ses projets.

Vers minuit la petite bavaroise avait senti certaines douleurs très-aiguës, et qui n'étaient pas équivoques. Bientôt elles devinrent plus fréquentes, plus fortes, et à une heure elles étaient intolérables. Crettle tremblait qu'il lui échappât un cri; elle mordait sa couverture; elle attendait, elle espérait un prochain dénouement, et elle se berçait encore de l'espoir de le dérober à sa maîtresse. Madame de Felsheim fut réveillée par quelques plaintes qu'on ne put entièrement étouffer. Elle écoute, elle s'inquiète; elle passe une robe et entre dans la chambre de Crettle. La pauvre petite étendit vers elle ses bras supplians, et lui avoua, en pleurant, sa faute et ses suites funestes. Madame de Felsheim avait cette vertu douce, aimante, qui s'interdit jusqu'à l'apparence d'une faiblesse, mais qui supporte celles des autres. Grettle redoutait sa colère; elle s'attendait au moins à des reproches : madame de Felsheim sentit que le moment n'était pas convenable, et que l'humanité seule devait se faire entendre. Elle lui prodigua ses consolations et ses soins, elle refusa même d'appeler. « Tu te » repens, lui dit-elle, je dois te plain- » dre ; tu ne possèdes que ta réputa- » tion, je dois te la conserver. » Elle reçut l'enfant, l'enveloppa dans les linges qu'elle avait préparés pour le sien, et s'assit près du lit de l'accouchée.

Madame de Felsheim ne pouvait pas s'en tenir à de stériles consolations. Elle rêvait aux moyens de faire disparaître l'enfant, de le déposer en lieu sûr, et de pourvoir à son existence, lorsqu'un bruit sourd se fit entendre dans la cheminée ; elle n'y donna qu'une légère attention : que pouvait-elle avoir à craindre? Brandt, de nœud en nœud était arrivé à la moitié du chemin. A chaque nœud, sa tête s'exaltait, Grettle devenait plus belle, l'aiguillon du désir lui créait des appas : encore quelques nœuds, et Brandt sera dans les bras de sa maîtresse. Nouvelle illusion, qui ne doit pas se réaliser! La corde, vieille et fatiguée, cède au poids qui la surcharge, et rompt tout-à-coup. Brandt tombe au milieu du foyer, couvert de suie, le visage, les coudes et les genoux écorchés. Il voit une lumière, il s'étonne, il aperçoit madame de Felsheim, il s'arrête : c'est la tête de Méduse, Brandt est pétrifié. Cet homme, qui courait au feu avec intrépidité, qui fixait la mort d'un front calme et serein, cet homme tremble devant une femme innocente et timide. Il est immobile, les genoux ployés en avant, les mains jointes, la tête baissée. O vertu! quel est ton ascendant.

Jeunes filles qui me lisez à la dérobée, qui ne cherchez dans ce livre que les vices qui vous sont familiers, foulez au pied l'épine, élevez-vous à la hauteur de la rose; que son éclat et sa fraîcheur vous rappellent ce que vous fûtes et ce que vous pouvez être encore. La main trompeuse du plaisir a mis un bandeau sur vos yeux; l'abandon, le mépris, marchent sur ses pas, et la misère vous attend, assise sur votre cercueil!

Madame de Felsheim n'avait pu se défendre d'un mouvement de frayeur. Elle regarda Crettle, dont l'air calme la rassura et l'instruisit à-la-fois. Son œil se porta sur le coupable, qui se courbait devant elle, et qu'elle reconnut aussitôt. Elle reprit cette dignité imposante à laquelle on ne résistait pas, et, s'adressant à Brandt: « Vous avez séduit » cette infortunée, dit-elle; vous se-

» rez époux et père, ou vous sorti-
» rez de chez moi. Je vous laisse la
» nuit pour réfléchir : retirez-vous.
» — Je ferai tout ce qu'il vous plai-
» ra, madame la baronne. J'aime
» Crettle de tout mon cœur ; mais
» j'épouserais une gargousse, si vous
» me la proposiez. » Le moyen de ne pas rire? Madame de Felsheim se retira dans sa chambre, et Brandt prit l'enfant des mains de sa mère. Il le pressait dans ses bras, le regardait, le baisait, le rendait à sa mère, le reprenait pour le baiser encore. Il l'approchait de la lumière, il cherchait, il croyait démêler ses propres traits, il était ému, attendri, il riait et pleurait tout ensemble. « Oui,
» par la mort, je suis ton père, s'é-
» cria-t-il tout-à-coup, et je te voue
» au prince Eugène. Tiens, Crettle,
» donne-lui sa bouteille, guéris
» promptement, et sois madame
» Brandt, puisque la nature, mon
» cœur et ta maîtresse le veulent ain-

» si. » Il traversa bien doucement la chambre de madame, qui feignit de ne rien entendre; il descendit dans la cour, se débarbouilla dans l'abreuvoir, et fut se mettre au lit.

Le tour heureux que prit cette aventure, contribua beaucoup au rétablissement de madame Brandt. Dès le sixième jour elle était sur pied. L'entrée de sa chambre avait été interdite à tout le monde; madame de Felsheim avait cessé de se tenir dans la sienne; elle recevait à l'autre extrémité de son appartement, et on fut fort étonné de voir un beau matin les relevailles et le mariage. Les plaisans en riaient. Brandt, les gants blancs à la main et le gros bouquet au côté, conduisait son épousée avec un sérieux imperturbable, sur lequel les rieurs ne pouvaient rien. Il regardait les hommes entre deux yeux, et leur disait en passant : « Avez-vous des femmes troussées » comme elle? Hé bien, c'est à

» moi, ça. » Crettle baissait les yeux et souriait.

Les nouveaux époux rentrèrent à l'hôtel avec un air de satisfaction qui n'échappa point à madame de Felsheim, et dont elle augura bien pour l'avenir. En effet, Brandt, sans devenir poli, ni galant, perdit de la rudesse de ses manières, il s'enivra moins souvent, et ne se battit plus que lorsqu'on le poussa à bout. A la vérité, Crettle contribua un peu à la réforme. Sa qualité d'épouse lui donnait le droit de remontrance, mais elle était trop fine pour en faire usage. C'est madame de Felsheim qui était chargée de la mercuriale, lorsque Brandt avait fait quelques fredaines, et la raison était si aimable dans sa bouche, Brandt lui était si sincèrement attaché, qu'il l'écoutait avec docilité, lui promettait de bonne foi de se corriger, et tenait parole autant qu'il lui était possible.

Le printemps rappelait les officiers à leurs corps : Werner, fidèle à ses devoirs comme à sa maîtresse, se disposait à partir. Son équipage était conforme à sa fortune, et il n'en était pas humilié : son luxe était dans l'amitié de ses camarades et l'estime de ses chefs. On sent bien ce que l'absence allait coûter à des cœurs aussi fortement épris. Ils en ressentaient déjà les douleurs. Plus de gaîté, plus de ces doux épanchemens qui font le charme de l'amour. On se tenait les mains, on se regardait, on soupirait, on ne se parlait pas : on craignait mutuellement de s'affliger davantage.

La veille du départ, un domestique bien bâti, et habillé à la livrée de Werner, lui présenta deux chevaux hongrois richement harnachés. L'un des deux portait une ample valise qui renfermait deux uniformes complets, de beau linge et un sac de mille florins. *Voilà tout ce que j'ai pu faire*, écrivait madame de Felsheim. Werner accourt chez elle, et tombe à ses pieds. La reconnaissance et l'amour se confondaient et se prêtaient de nouvelles grâces. « Il faut se » quitter pour quelque temps, dit » madame de Felsheim ; mais le jour » où vous reviendrez sera celui de » notre commun bonheur. Que cet » espoir nous soutienne et nous con- » sole. Pensez quelquefois à moi. » — Ah ! sans cesse ! — Vous trou- » verez des femmes plus aimables... » — Impossible. — Aucune ne » vous aimera comme moi... — Et » ne peut être aimée comme vous. — » Vous m'écrirez... — Tous les jours. » — Je vous répondrai. — Je vous en » conjure. — Forte de votre absence, » je laisserai aller ma plume, je m'a- » bandonnerai au charme du senti- » ment ; il se peindra dans chaque » ligne, à chaque mot. Tu verras à

» découvert ce cœur, qui n'a plus » un battement qui ne réponde au » tien.... Que dis-je, tu l'emportes » avec toi; il te suivra par-tout». Werner tenait ses mains, il y attachait ses lèvres; elle lui présenta la joue : c'était le premier baiser de l'amour. L'effet en fut terrible. Un feu dévorant s'alluma dans les veines de Werner, sa raison se troubla, sa tête se perdit, sa main s'égara; un regard de madame de Felsheim le rendit à lui-même. «Si tu m'étais » moins cher, lui dit-elle, je t'ac» corderais tout; mais je détruirais » ton bonheur en perdant ton es» time. Je t'impose des privations » que je partage avec toi. Ta délica» tesse te les fait supporter; je te » dédommagerai un jour. Termi» nons un entretien qui devient dan» gereux. Va, pars, et que l'hon» neur et ta Sophie te soient toujours » présens.».

Il partit. L'image de madame de Felsheim le suivit à Kœnigsberg. Au milieu des plaisirs d'une grande ville, il était seul avec son amour. Il passait à écrire à peu près tous les momens que n'exigeait pas le devoir. Il lisait les lettres qu'il avait reçues, il les relisait, et croyait les lire pour la première fois. Les femmes aimables de Kœnigsberg le raillaient quelquefois de son indifférence; c'était lui dire : Soyez heureux. Le bonheur était à Blekède; Werner n'en désirait, n'en concevait pas d'autre.

Madame de Felsheim lui rendait de son côté tout ce qu'il faisait pour pour elle. Sa mère ne la quitta point, et la conversation ne languissait jamais : on ne parlait que de lui. On répétait sans cesse les mêmes choses, et on les répétait avec un plaisir toujours nouveau. A telle heure il était à cheval, à telle autre il en descendait, fatigué, couvert de poussière, et on n'était pas là pour essuyer son front ! On le suivait à son secrétaire, à la parade, à son auberge, et on se trompait rarement.

Délicieux précurseurs du plaisir, qui peut-être êtes au-dessus du plaisir même ; vous, sur lesquels on passe rapidement, et qui devriez durer des années, pourquoi l'homme n'entend-il pas ses vrais intérêts ? pourquoi désire-t-il ce qui détruit la plus touchante illusion ? Combien il est doux d'espérer ! combien les demi-faveurs ont de charmes ! qu'il est affreux, le vide qui suit la jouissance !

Rassure-toi, lecteur, mes amans ne sont pas des amans vulgaires. Madame de Felsheim et Werner puiseront dans la jouissance même un nouvel aliment pour l'amour. C'est la satiété qui le tue : les cœurs vierges ne la connaissent point.

Jeunes gens, qui avez devancé la nature, qui abusez de ses bienfaits, qui vous préparez une vieillesse prématurée et douloureuse, je vous parle une langue étrangère. Vous ne connaissez que des femmes perdues, et vous les jugez toutes par celles à qui vous vous prostituez. Il en est qui rougissent à votre seul acpect, et qui lisent votre turpitude sur vos joues flétries et décolorées.

Il arriva enfin ce moment où la nature aveugle brise les barrières qu'elle-même s'est opposées. Madame de Felsheim va partager ses affections entre Werner et l'innocente créature à qui la contrainte donna l'être. Tous deux lui seront également chers, et tous deux seront aimés avec idolâtrie. Le cœur d'une femme sensible est un foyer qui s'étend, qui se multiplie avec les objets de sa tendresse; c'est une source inépuisable.

Madame Werner était à son chevet; Crettle lui rendait les soins qu'elle en avait reçus; Brandt, attentif, inquiet, attendait dans l'antichambre. Un faible cri se fait entendre : le Baron de Felsheim vient de renaître, et sa veuve a oublié ses douleurs.

Le nouveau-né fut présenté au baptême par monsieur Heidelberg et madame Werner. On le nomma Ferdinand, par égard pour la mémoire de son père : on y joignit le nom de Charles ; c'était celui de Werner. Après deux heures de repos, madame de Felsheim voulut lui écrire. Le petit Charles sur ses genoux, la tête soutenue sur une pille d'oreillers, elle prit la plume, et traça ces mots d'une main mal assurée : « Mon ami, tu es père ; » rappelle-toi tes sermens ».

Ce jour fut un jour de fête. Madame de Felsheim jouissait, son père était plus jeune de dix ans, madame Werner partageait leur innocente joie, Brandt et Grettle se mêlaient à la conversation, et l'égayaient par leurs saillies. Tous se pressaient autour du lit, et madame de Felsheim recevait avec une égale satisfaction les marques de leur tendresse. On soupa à la même table; les distinctions furent oubliées, et on gagna en plaisir ce qu'on perdait en chimères.



*Fin de la première partie.*

# TABLE DES CHAPITRES

Contenus dans la première partie.

CHAPITRE PREMIER. *Ce que c'est que les Barons de Felsheim. Les campagnes, les exploits, et la retraite de Ferdinand XV.* Page 1

CHAP. II. *Le Baron forme sa maison. Grande fête au château.* 36

CHAP. III. *le Baron se marie, et fait des prodiges.* 82

CHAP. IV. *Le Baron meurt, on l'enterre; un Barronnet le remplace.* 170

www.ingramcontent.com/pod-product-compliance
Lightning Source LLC
LaVergne TN
LVHW010557110826
845149LV00003B/678

* 9 7 8 2 0 1 1 8 6 6 5 5 4 *